"十四五"时期国家重点图书

中国社会科学院马克思主义研究院学者文库

国家出版基金项目
NATIONAL PUBLICATION FOUNDATION

走进现实
马克思主义基本原理大众化

2

辛向阳　主编

立足整体

准确把握马克思主义理论体系

张建云　著

山东人民出版社·济南

国家一级出版社 全国百佳图书出版单位

图书在版编目（CIP）数据

立足整体：准确把握马克思主义理论体系 / 张建云著. -- 济南：山东人民出版社, 2023.12

（走进现实：马克思主义基本原理大众化 / 辛向阳主编）

ISBN 978-7-209-14010-2

Ⅰ. ①立… Ⅱ. ①张… Ⅲ. ①马克思主义理论 - 理论体系 - 研究 Ⅳ. ①A81

中国版本图书馆CIP数据核字（2022）第207441号

立足整体：准确把握马克思主义理论体系
LIZU ZHENGTI　ZHUNQUE BAWO MAKESI ZHUYI LILUN TIXI

张建云　著

主管单位　山东出版传媒股份有限公司
出版发行　山东人民出版社
出 版 人　胡长青
社　　址　济南市市中区舜耕路517号
邮　　编　250003
电　　话　总编室（0531）82098914
　　　　　市场部（0531）82098027
网　　址　http://www.sd-book.com.cn
印　　装　山东新华印务有限公司
经　　销　新华书店

规　　格　16开（169mm×239mm）
印　　张　14.75
字　　数　150千字
版　　次　2023年12月第1版
印　　次　2023年12月第1次
ISBN 978-7-209-14010-2
定　　价　59.00元
　　　　　如有印装质量问题，请与出版社总编室联系调换。

总　序

　　党的十八大以来，习近平总书记数百次地强调坚持和发展马克思主义。2018年5月，在纪念马克思诞辰200周年大会上的讲话中，习近平总书记指出："马克思主义始终是我们党和国家的指导思想，是我们认识世界、把握规律、追求真理、改造世界的强大思想武器。"2021年7月，习近平总书记在庆祝中国共产党成立100周年大会上的讲话中强调，必须继续推进马克思主义中国化，坚持把马克思主义基本原理同中国具体实际相结合、同中华优秀传统文化相结合。2022年10月，习近平总书记在党的二十大报告中指出："只有把马克思主义基本原理同中国具体实际相结合、同中华优秀传统文化相结合，坚持运用辩证唯物主义和历史唯物主义，才能正确回答时代和实践提出的重大问题，才能始终保持马克思主义的蓬勃生机和旺盛活力。"我们要深入学习领会习近平总书记重要讲话精神，马克思主义不仅是我们党和国家的指导思想，也是我们认识世界、把握规律、追求真理、改造世界的强大思想武器。要充分发挥马克思主义的真理力量，就需要不断推进马克思主义中国化时代化，推进马克思主义理论大众化，从更深层次、更大范围内实现理论掌握群众和群众掌握理论，使人民群众学懂弄通并扎实践行习近平新时代中国特色社会主义思想，为实现中华民族伟大复兴提供行动指南。

马克思早在1843年《〈黑格尔法哲学批判〉导言》中就提出："理论一经掌握群众，也会变成物质力量。"列宁在1905年8月致阿·瓦·卢那察尔斯基的信中强调，为了通俗地叙述社会主义的任务，社会主义的实质和实现的条件，"写出一本有关这个题材的内容丰富又很通俗的读物是极端重要的"。他进一步于1917年5月《在彼得格勒党组织大会上关于俄国社会民主工党（布）第七次全国代表会议（四月代表会议）结果的报告》的提纲中提出："最马克思主义＝最通俗和朴实（转化）。"毛泽东同志在1942年5月的《在延安文艺座谈会上的讲话》中，提出了马克思主义"大众化"的要求，"就是我们的文艺工作者的思想感情和工农兵大众的思想感情打成一片。而要打成一片，就应当认真学习群众的语言。如果连群众的语言都有许多不懂，还讲什么文艺创造呢？"邓小平同志也曾于1992年春在武昌、深圳、珠海、上海等地的谈话中强调："马克思主义是很朴实的东西，很朴实的道理。""长篇的东西是少数搞专业的人读的，群众怎么读？要求都读大本子，那是形式主义的，办不到。"

2017年10月，习近平总书记在党的十九大报告中强调："必须推进马克思主义中国化时代化大众化，建设具有强大凝聚力和引领力的社会主义意识形态，使全体人民在理想信念、价值理念、道德观念上紧紧团结在一起。"从这些相关论述中可以看出，推进马克思主义中国化时代化大众化，要求我们学习、运用群众的语言，写出通俗、朴实的作品，以使马克思主义为人民群众所理解、掌握和运用。

马克思在研究纷繁复杂的资本问题时，恰是从人们最平常接触到的商品入手，"资本主义生产方式占统治地位的社会的财富，表现为'庞大的商品堆积'"。他从"商品"这个资本主义社会财富的"元素形式"出发，运用通俗易懂的示例和演算，逐步揭示了资本主义社会运行规律，指明了资本主义基本矛盾，使无产阶级越来越清醒地认识到自身的阶级状况和历史使命。因此，恩格斯在1886年11月5日为《资本论》写的英文版《序言》中，形容"《资本论》在大陆上常常被称为'工人阶级的圣经'"。列宁为了在人民群众中宣传普及马克思主义，十分重视报纸、传单等形式的运用。1913年7月波涛出版社成为俄国社会民主工党中央委员会的出版社后，遵照中央的指示，重点出版了列宁的《俄国的罢工》《马克思主义和取消主义》等宣传通俗读物。为了更通俗地宣传有关帝国主义的观点，列宁在1916年写作《帝国主义是资本主义的最高阶段（通俗的论述）》一书时，曾于7月2日致米·尼·波克罗夫斯基的信中提道："如果认为最好避免用帝国主义这个字眼，那就用：《现代资本主义的基本特点》。(《通俗的论述》这一副标题绝对必要，因为许多重要材料就是按照作品的这种性质来阐述的。)"这体现了列宁力图用通俗、朴实的语言向人民群众宣传的态度。毛泽东同志则对推进马克思主义大众化的形式进行了多方面的实践探索。他创办《湘江评论》等报刊宣传马克思主义，探索以农民运动讲习所和工人夜校等形式普及马克思主义。他旁征博引，古为今用，洋为中用，提出了"为人民服务""实事求是""星星之火，可以燎原""枪杆子里面出政权"等鲜活的语言来表述马克思主义。邓小平同志也善于运用并创造性地提出了"发展才是硬道理""两手抓、两手都要硬""科学技术是第一生产力"等朴实的话语来阐发马克思主义。

面对人民群众日益增长的精神文化需求，2014年10月习近平总书记在文艺工作座谈会上强调："要跟上时代发展、把握人民需求，以充沛的激情、生动的笔触、优美的旋律、感人的形象创作生产出人民喜闻乐见的优秀作品，让人民精神文化生活不断迈上新台阶。"实际上，不仅在文艺工作领域，在意识形态和理论宣传等领域也需要反映时代要求和人民心声、通俗易懂地宣传阐释马克思主义的优秀作品，以推进马克思主义中国化时代化大众化，促进人民群众对马克思主义的理解、掌握和运用。

为此，我们编写了《走进现实：马克思主义基本原理大众化》系列丛书。本套丛书是紧密联系现实的马克思主义基本原理大众化科学读本，说理透彻，时代性强。丛书分为六册，分别从马克思主义导引、科学实践观的整体原则、人类社会发展规律、正确认识资本主义、当代资本主义的发展、科学社会主义等六个方面展开解读，清晰阐释马克思主义的历史脉络及展望未来马克思主义的发展前景。

本套丛书主要有以下特点：

一是现实性。本套丛书坚持理论和实践、历史和现实相结合的原则，紧密结合当代世界发展的实际、当代中国发展的实际、马克思主义中国化发展的实际，探索马克思主义发展的科学规律及当代发展和未来趋势。丛书注重全面理解马克思主义理论体系的基本内涵、时代特征和历史发展，深入理解习近平新时代中国特色社会主义思想如何把马克思主义基本原理同中国具体实际相结合、同中华优秀传统文化相结合，不断发展马克思主义。

二是通俗性。面向大众，贴近生活，是人民群众读得懂、看得明白的马克思主义科学读本。虽然大众早已对"马克思主义中国化"耳熟能详，但真正能把马克思主义科学内涵和历史发展规律等厘清的大多是专业研究人员，对普通群众来说，马克思主义是"熟悉的，也是陌生的"。本套丛书立足马克思主义大众化，使马克思主义不再是象牙塔里研究的枯燥理论。它以通俗的语言生动地阐释了马克思主义的科学内涵、理论体系和精神实质，使广大群众能够较为轻松地学习理解并准确掌握马克思主义。

三是学术性。从历史、理论和现实结合的高度，以恢宏的理论视野、深刻的理论论证、清晰的发展脉络、翔实的文献资料，阐释了马克思主义的科学内涵、理论体系和精神实质的内在统一性，凸显了马克思主义基本原理和科学精神的历史发展及时代意义，具有说服力、穿透力。

四是客观性。本套丛书注重以客观公正的态度呈现马克思主义的真实面貌。比如第一册《走进圣殿：马克思主义导引》，从历史和当代双重视野如实展现了马克思主义的世界观、方法论及核心观点，感悟其科学性、学术性、实践性和真理性的魅力；第二册《立足整体：准确把握马克思主义理论体系》，从主体、客体与实践"三者一体"的整体性视阈客观呈现马克思主义理论体系；第三册《打开密钥：人类社会发展规律》，以马克思主义经典作家的相关论述为依据，阐释了唯物史观的基本内容及其对正确认识人类社会发展历程的指导作用；第四册《拨开迷雾：正确认识资本主义》，以马克思主义基本原理为指导，全景式呈现资本主义的确立过程、运行逻辑、制度本质及观念属性，为正确认识资本主义提供科学指引；第五册《前路何方：当代资本主义的发展》，用大量事实和数据揭示了当代金融资本主义的面目特征，引思当代资本主义的未来趋势；第六册《继往开来：科学社会主义》，在回首百余年科学社会主义的理论与实践，展望世界社会主义运动的光明前景中，客观阐释科学社会主义的基本内涵、理论体系和精神实质。

五是全面性。以生动翔实的文献资料展开论述，说理透彻，行文流畅，兼具学术性与通俗性，可供理论工作者和广大党员干部学习与研究马克思主义参考使用，对大众正确理解当代现实问题也具有引领作用。

因此，本套丛书作为一套兼具学术性和通俗性的大众化读物，力图找准将马克思主义基本原理转化为实践力量的切入点、结合点和着力点，用简明、朴实的话语，通俗、易懂的方式推动马克思主义大众化，既适合普通民众较为轻松地学习、理解和掌握马克思主义基本原理及其世界观和方法论，又可以满足高校师生等学界人士深入理解马克思主义的理论体系及其当代价值的需要。

希冀本套丛书的出版能够助益社会民众和学界人士对马克思主义基本原理的了解和把握，促进马克思主义在当代中国的传播和普及，从而不断推动"两个结合"走向深入！

辛向阳

2023年11月

目　录

第一章

坚持整体方法
——准确把握马克思主义理论体系的基本原则

准确把握马克思主义理论体系、加强马克思主义整体性研究，是当前马克思主义理论学科建设和教学研究的重大任务。如何准确把握马克思主义理论体系？马克思在《关于费尔巴哈的提纲》中提出，要从主体、客体与实践"三者一体"的整体角度来认识世界的本质、人的本质和实践的本质。我们可以从人的生活中最简单的事实出发来理解：人先天具有本能欲求、生理需要，需要通过改造客体的活动来获得满足，由此，主体需要、客体属性与人的实践活动，这三者内在相联，是一个完整过程，是一个统一整体。因此，对马克思主义理论体系的认识和理解，必须要坚持主体、客体与实践"三者一体"的整体原则和方法。

一、整体研究：加强马克思主义理论体系研究的重要性

马克思主义理论博大精深，马克思主义著作浩如烟海，我们应该如何学习、如何把握呢？马克思对自己的著作有一个评价："不论我的著作有什么缺点，它们却有一个长处，即它们是一个

艺术的整体。"①这表明，马克思主义理论是一个内部各个组成部分、各个具体原理之间彼此呼应、相辅相成、有机统一的理论体系。那么，如何认识、理解、把握这个理论体系呢？

过去，受传统"三分法"影响，我们把马克思主义整体性理论分为马克思主义哲学、政治经济学和科学社会主义三个部分，分门别类地进行教学和研究。这是对马克思主义的分析研究方法。分析与综合是认识事物的基本方法。把整体分为各个组成部分，分门别类研究，把握各个部分的属性和规律，这叫分析；在分析研究基础上，再进行综合，即找到各个组成部分的内在联系和关系，然后形成对事物整体全面深刻的认识。马克思主义分学科研究便于人们深入研究各个组成部分的本质规律，把握理论前沿。但是，如果只有分析而缺少综合的话，很容易造成对马克思主义理解的碎片化，造成只见部分不见整体，甚至是断章取义，各取所需，由此容易造成对马克思主义基本原理的误解甚至是曲解。有人甚至制造早期马克思和晚期马克思的对立，制造马克思和恩格斯的对立等，让这些组成部分互相否定，以达到反对马克思主义的目的，其负面影响是巨大的。所以，加强马克思主义理论整体性教学和研究，这是党和政府，以及理论界一直努力做的工作。

---

① 《马克思恩格斯文集》第十卷，北京：人民出版社2009年版，第231页。

正是在这种背景下，2005年12月23日国务院学位委员会和教育部发出了《关于调整增设马克思主义理论一级学科及所属二级学科的通知》，设立马克思主义理论一级学科，旨在加强从整体上研究和讲授马克思主义理论体系。由此，学界对如何加强马克思主义理论整体性研究和教学进行了多方面探讨。

如何理解和把握马克思主义理论体系呢？有很多学者坚持从逻辑主线、中心线索或总体性范畴角度来研究和把握马克思主义理论体系，但是关于这个逻辑主线、中心线索或总体性范畴到底是什么、应该如何理解，不同学者观点不同。例如，有些学者认为，贯穿马克思主义理论体系的逻辑主线或总体性范畴是"实践"，有些学者认为是"无产阶级和人类解放"，有些学者认为是人的解放，等等。还有一些学者主张从马克思主义世界观与方法论相统一、理论与实践相统一、真理观与价值观相统一等角度研究和把握马克思主义理论体系。上述这些研究都很有意义，也取得了重大成绩。但事实上，马克思主义理论的性质决定了贯穿马克思主义理论体系的逻辑主线或总体性范畴不可能是单一范畴，也不会是对外在结构、方法或特征的描述。要把握对理解马克思主义理论体系具有实质性意义的原则和方法，必须要深入马克思主义理论内部，从内在机理上探讨。从理论内在机理角度，就是要立足于主体、客体与实践"三者一体"的整体原则和方法来理解和把握马克思主义理论体系。

二、整体方法：主体、客体与实践"三者一体"

主体、客体与实践"三者一体"的整体性方法是马克思明确提出的。马克思在 1845 年春天撰写的《关于费尔巴哈的提纲》中就曾指出，只有坚持主体、客体与实践"三者一体"整体原则，才能正确认识和理解世界的本质、人的本质以及实践活动的本质："从前的一切唯物主义（包括费尔巴哈的唯物主义）的主要缺点是：对对象、现实、感性，只是从客体的或者直观的形式去理解，而不是把它们当做感性的人的活动，当做实践去理解，不是从主体方面去理解。因此，和唯物主义相反，唯心主义却把能动的方面抽象地发展了，当然，唯心主义是不知道现实的、感性的活动本身的。费尔巴哈想要研究跟思想客体确实不同的感性客体，但是他没有把人的活动本身理解为对象性的活动。因此，他在《基督教的本质》中仅仅把理论的活动看做是真正人的活动，而对于实践则只是从它的卑污的犹太人的表现形式去理解和确定。因此，他不了解'革命的'、'实践批判的'活动的意义。"[1]在这里，马克思强调，以往的哲学，无论是旧唯物主义还

---

[1] 《马克思恩格斯文集》第一卷，北京：人民出版社 2009 年版，第 499 页。

是唯心主义，都没有从主体、客体与实践"三者一体"的角度、没有从科学的实践观角度来认识、理解对象世界和人自身，因此得不出关于世界和人自身的本质的正确认识。旧唯物主义对对象世界（即马克思这里所说的"对象、现实、感性"，指的是我们面前的与主体不同的客体世界）的认识，离开了主体、离开主体的能动地改造客体的实践活动，单纯从"客体"方面认识和研究世界和人自身；而唯心主义则是离开客体、离开主体改造客体的直接现实性的实践活动，单纯从"主体"方面，从意识、精神角度来认识和研究世界和人自身，无论旧唯物主义还是唯心主义，都得不出关于世界、关于人自身的正确认识，也无法理解科学的革命的实践的本质，因而也无法解决物质与意识、思维与存在的统一性等问题。

如何理解这个方法呢？这个方法很简单，它是从我们人的生活中最简单的事实出发的。人的生活中最简单的事实是：人作为有生命的肉体存在，先天具有吃、喝等本能欲求、生理需要，但满足这些需要的资料却不在人自身，而在人身外的对象世界。因此，人为了活着，就必须要把目标指向对象世界，要通过自身的活动，通过劳动、实践改造自然界的直接存在状态，创造出人工产品满足需要。这是一个过程，是一个有机统一的整体。这是我们讨论问题的前提和出发点。

由此，围绕人的生活这个最简单的事实，存在着三个最基本的哲学范畴，一是人的需要和目的（主体），二是对象的属性和规律（客体），三是认识和改造对象的活动（实践）。人生而有欲求，需要通过改造客体的活动来获得满足，由此，主体需要、客体属性与人的实践活动三者内在相联，是一个完整过程，是一个有机的统一整体。因此，无论是对主体、客体，还是对实践的认识和理解，都不能单纯从主体自身、单纯从客体自身，或者单纯从实践自身角度来认识和理解，而必须要从主体、客体与实践"三者一体"且是一个统一过程的整体角度来认识和理解。由此，我们得出了认识和理解马克思主义理论的整体性方法，即主体、客体与实践"三者一体"的整体原则和方法。

首先，从主体方面讲，先有了主体的吃、喝等本能欲求、生理需要，客体对象才有了意义，也才有了改造对象的活动；没有主体的欲求和需要，客体对象就无所谓存在与不存在，也就无所谓改造对象的活动。

其次，从客体对象方面讲，客体对象有相应的属性，人的需要才能得到满足；如果没有客体对象的相应属性，人的需要也不能得到满足。马克思在《1844年经济学哲学手稿》中指出："自然界，就它自身不是人的身体而言，是人的无机的身体。人靠自然界生活。这就是说，自然界是人为了不致死亡而必须与之处于持续不断的交互作用过程的、人的身体。"①这表明，自然界是人的无机身体。例如，人的身体需要"水"的营养物质，大自然的"水"正好具有相应的属性，能满足人"渴"的需要；如果自然界没有水等这样的营养物质，人类也无法生存。

最后，有了主体的需要和客体的属性这两个先在的实体，也就必然有了人从对象世界获取营养物质的活动，有了劳动、实践。没有主体的活动，外界的营养物质不能自动跑到人的身体里，人的需要也同样不能得到满足。所以，实践是将主体与客体联系起来的中介和桥梁，是枢纽，是理解主体与客体本质的关键。但同时，没有主体和客体，就无所谓人的活动，无所谓实践。因此，我们说，主体、客体与实践三者是一个过程、一个整体。无论对主体、客体，还是对人的活动的认识和研究，只有从三者一体、是一个过程的角度，才能正确理解。

由此，我们得出结论，对马克思主义理论的认识和理解，要坚持主体、客体与实践"三者一体"的整体原则，无论是对客体即对对象世界的认识和理解，还是对主体自身的认识和理解，还是对人的活动即实践的认识和理解，都要从主体、客体与实践三

---

① 《马克思恩格斯全集》第三卷，北京：人民出版社2002年版，第272页。

者有机统一的整体角度来理解和把握，这样才能科学认识对象世界的本质、人的本质以及实践的本质，也才能正确理解马克思主义理论内在统一性的实质。

马克思正是立足于主体、客体与实践"三者一体"的整体方法，提出了科学实践观，科学地揭示了物质世界、价值世界以及实践的本质，既唯物又辩证地解决了物质与意识、思维与存在的统一性问题，将唯物论、辩证法、自然观、历史观、价值论等辩证统一起来，从而使马克思主义理论呈现为各个组成部分、各个具体原理之间内在相联、相辅相成、有机统一的艺术整体。

三、如何理解整体方法：人的活动与人的存在的一体性

人的存在与人的活动是一体的，决定了主体需要、满足主体需要的客体对象与获取满足主体需要的产品的人的活动即实践的一体性。

（一）人的活动即实践与人的存在的内在关系

人和动物一样，先天具有吃、喝等本能欲求和生理需要，需要通过自身的活动来获得需要的满足。但是动物的活动与人的活动是有本质区别的，动物的活动是本能活动，而人的活动，

我们称之为实践，是主体对象化活动。

如果按照"属加种差"的方法给实践下定义，实践的"属概念"就是活动。就如"苹果是水果"，"水果"是苹果的属概念一样。实践概念看似玄奥，实际上它就是人的活动。所谓"活动"，就是人的头和脑、手和脚、身体动起来。人的活动对人来说实在太重要了。可以说，人的活动就等于人的生命存在；没有活动就没有人的生命存在。为什么？人作为有生命的肉体存在，先天具有吃、喝等本能欲求、生理需要，而满足这些需要的资料，却不在自身，而在身外的对象世界。因此，人为了活着，机体必须不断地从外界环境中摄取氧气、水和食物等营养物质。

由此而来，有了两方面至关重要的问题：

一方面，吃、喝等本能欲求、生理需要是人先天就有的，具有不以人的意志为转移的客观实在性。例如，饥饿就是客观存在的，不以人的意志为转移。有人说，谁说饥饿不以人的意志为转移？我饿了也不说饿，我也不吃。那结果会怎样呢？厌食症是最好的反驳例子。厌食症患者没有饥饿感，意识不到自己饿不饿，但是如果得不到医疗救治，就会死亡。饥饿等本能欲求、生理需要是人先天就具有的，是客观存在的。因此，人的正常的吃、喝等本能欲求、生理需要具有天然合理性，必须要及时给予满足。

但是，另一方面，满足人的这些本能欲求、生理需要的资料却不在人自身，而在身外的对象世界。这是一个重要的前提，是我们思考问题的出发点。马克思指出："人作为自然的、肉体的、感性的、对象性的存在物，同动植物一样，是受动的、受制约的和受限制的存在物，就是说，他的欲望的对象是作为不依赖于他的对象而存在于他之外的；但是，这些对象是他的需要的对象；是表现和确证他的本质力量所不可缺少的、重要的对象。"①马克思强调，人具有受动性，因为"满足人的需要的资料不在人自身"。所以，人和动物为了活着就必须要不停地活动，从对象世界中获取营养物质，求得生存。人如果不活动、不对自然界发生作用，那么，自然界的营养物质不能自动地跑进人的身体来满足人的需要。因而，人的本能欲求、生理需要的满足同活动密切相连，二者是内在统一的整体。一只饥饿的动物，产生了食物的需要，饥饿迫使它四处寻找食物吃，这种行为是动物主动的、自主的行为，是生命运动的惯性表现。

为什么人和动物必须要通过活动才能获得营养物质，而不能像植物那样静止不动就能生存呢？因为，人作为动物，不同于植物，植物属于光能自养型生物，植物扎根地下，不用动，就可以

---

① 《马克思恩格斯文集》第一卷，北京：人民出版社2009年版，第209页。

通过光合作用，制造自身生存所需要的营养物质。植物扎根在土地上，不能活动，也无须活动就可以获得自身生存所需要的营养物质。而动物属于化能异养型生物。动物比不上植物，动物自己无法直接合成自身生存所需要的营养物质，所以它必须要通过活动，从周围环境中获取所需。动物有脚或翅膀等，可以活动，而且必须要通过自己的活动才能从周围的自然环境中获得自身生存所需要的营养物质。因此，活动对于动物来说，实在太重要了，由于化能异养生活需要，动物不得不一生奔波，寻找食物。人更是如此。马克思指出："单个人如果不在自己的头脑的支配下使自己的肌肉活动起来，就不能对自然发生作用。"[①]如果人没有活动，没有对自然对象发生作用，也就无法从自然界中获得食物等营养物质，人也就不能生存。因此，在进化过程中，大多数动物都是朝着有利于活动这一方向演化，越是高等动物越有神经系统，有大脑、有意识等，人更是如此。

由此，我们得出结论：人的活动具有客观性和现实性。人的本能欲求、生理需要的客观性和现实性，决定了人的活动的客观性和现实性。也就是说，活动对于人来说，不是说你想活动就活动，你不想活动就不活动，而是你必须要不停地活动，

---

① 《马克思恩格斯全集》第四十四卷，北京：人民出版社2001年版，第582页。

不停地生产满足需要的产品。马克思在《资本论》中指出："劳动作为使用价值的创造者，作为有用劳动，是不以一切社会形式为转移的人类生存条件，是人和自然之间的物质变换即人类生活得以实现的永恒的自然必然性。"[①]马克思在这里强调：劳动对于人来说，具有客观必然性，即只要人类存在，人的劳动就必然存在。

由此，我们再得出结论：人的肉体存在与人的活动是一体的，人是什么样的，是由他的活动方式决定的；人的活动是什么样的，人也就是什么样的。人的活动方式与人的生命存在内在一体。而人最根本的活动方式就是物质生产方式，所以马克思说，人的生产方式是什么样的，人就是什么样的。马克思在《德意志意识形态》中指出："个人怎样表现自己的生命，他们自己就是怎样。因此，他们是什么样的，这同他们的生产是一致的——既和他们生产什么一致，又和他们怎样生产一致。"[②]离开活动、离开生产实践的人是无法生存的，在现实生活中也是不存在的。因此，离开人的活动、离开实践来谈论的那个人就是一个"抽象的人"。因此，人是什么样的，不要孤立、静止地看人的肉体本身，不要单独地看人的感觉、人的需要、人的思想或理性，而必

---

① 《马克思恩格斯全集》第四十四卷，北京：人民出版社2001年版，第56页。
② 《马克思恩格斯文集》第一卷，北京：人民出版社2009年版，第520页。

014

须要与人的活动方式联系起来，必须要从人的实践方式角度入手观察人、分析人和理解人。否则，我们就会如费尔巴哈那样陷入抽象人性论。这是我们必须要强调的一个基本原则。

（二）人的活动即实践是人有目的有意识地认识世界、改造世界以获取产品的活动

人的活动即实践是一个什么样的活动？是受大脑支配的有意识、有目的的活动。这是有大脑的动物的活动共同的基本特点，也是实践最起码、最基本的规定性。

人的活动是受大脑支配的有意识、有目的的行为。马克思强调："单个人如果不在自己的头脑的支配下使自己的肌肉活动起来，就不能对自然发生作用。"[①]也就是说，人的活动是在大脑的支配下进行的——受大脑支配的意思就是说，人的活动是有意识的活动。这个非常重要。我们说，动物只有依靠自己的活动才能获得营养物质，才能生存下去。所以，在进化过程中，大多数动物都是朝着有利于活动这一方向演化，越是高级动物越具有神经系统，以及在神经系统支配下的感觉系统和运动系统。动物具有神经系统，有大脑，有感觉、知觉和意识，这有利于动物发现和

---

① 《马克思恩格斯全集》第四十四卷，北京：人民出版社2001年版，第582页。

获取食物，有利于动物生存。因此，动物为满足自身需要而采取的行动，是受大脑支配的有意识有目的的行为，这种行为是有机体受大脑控制的实际反射活动，它的根本特征是受意识支配。人作为动物，在这一点上，跟其他动物一样，人的活动是有目的有意识的活动。

当然了，人的意识跟动物的意识是有本质区别的。动物虽然有自我意识和对象意识，但是这种意识是与本能内在相连的。动物饿了、渴了，动物大脑感受到这个信息，就在本能的驱动下去寻找食物。至于寻找什么样的食物，则是动物依靠本能遗传下来的、动物的身体能够直接消费得了的对象。例如兔子，兔子感觉到自己饿了（自我意识），就会跑到有青草（对象意识）的地方。相比较而言，人的意识则高级得多了，人有思维，有主体意识，人的意识与动物的意识有本质区别。下文详细说明。

那么，人的活动是有目的有意识地干什么的活动？一般来说，是认识世界和改造世界以获取资料（产品）并通过占有和享受产品满足需要的活动。需要的满足是人存在的前提，也是人的活动的根本目的。由此，主体需要、客体属性与获取满足需要的产品的实践活动，三者内在相连，是一个有机整体。

本章小结

　　主体、客体与实践"三者一体"的整体方法是准确理解和把握马克思主义理论体系的基本原则和基本方法。人作为有生命的肉体存在，先天具有吃、喝等本能欲求、生理需要，而满足这些需要的资料，却不在他自身，而在他身外的对象世界。由此，人为了活着，就必须要通过活动、通过实践改造对象，获取食物等产品，满足需要。人的本能欲求、生理需要的客观性，决定了人的认识、改造对象的实践活动的客观性和现实性，也决定了主体需要、客体属性与实践"三者一体"的必然性。这就是主体、客体与实践"三者一体"的整体方法和原则的来源、根据。

第二章

对象化活动
——基于整体原则理解实践的本质及其特性

可以说，人的活动即实践就是人有目的有意识地认识世界和改造世界的活动，但这个定义仅从外在表现、外部联系上说明了什么是实践。至于如何认识世界、改造世界，这个定义并没有体现出来，缺少内在机理方面的界定和说明，因而并没有把人的活动与动物的活动的根本区别鲜明地体现出来。从内在机理上界定和说明实践：实践是人的对象化的活动。

唯心主义认为，实践是某种精神活动；旧唯物主义认为，实践是个体谋求私利的活动。马克思主义强调，实践是人的对象化的活动。对象化是一个不太好理解的概念。我们需要从揭示劳动、实践范畴的形成上，进一步揭示实践的本质内涵。

一、人的活动：劳动与实践范畴的形成与发展

人和动物都是通过有目的有意识的活动来满足需要的。但是，人从自然中获得营养物质、满足需要的活动方式与动物的活动方式是根本不同的。动物是以直接占有的方式满足本能欲求、

生理需要，自然界有什么就直接消费什么；而人则是通过劳动创造的方式，即人通过改造自然对象的直接存在状态，获得人工产品来满足需要。

（一）劳动概念的形成和发展

劳动是最早的标示人的活动的概念，它总是与满足人的食欲等自然需要的活动内在相关，与农业生产活动内在相关，正如马克思所说："劳动起初只作为农业劳动出现，后来才作为一般劳动得到承认。"①也就是说，越是在人类社会早期，维持人基本生存的农业生产活动越是人的活动的核心内容。所以，在古代社会，如果一个人说"我去劳动了"，人们一下子就能判断出他去干什么了，实际上他是去田地里干农活了。随着生产力的发展，人的活动的内容丰富起来。到了近代，工业生产活动、商业活动等出现了——这时有人说"我去劳动了"，他可能是去工厂做工了，或是去市场交易了，或是去田地里干农活了。也就是说，近代以来，人们把劳动概念的内容扩展了，增加了工业劳动、商业劳动等。可见，近代以来，人们对劳动概念的理解出现了巨大差异。正如马克思在经济学手稿中所介绍的：货币主义把劳动理解为取

---

① 《马克思恩格斯文集》第一卷，北京：人民出版社2009年版，第182页。

得货币的活动，重商主义把劳动理解为商业劳动，重工主义把劳动理解为工业劳动，重农主义则仅把农业劳动看成劳动。

所以，到了18世纪，随着劳动具体内涵的丰富，理论上迫切地要求：对劳动概念进行进一步抽象和概括，把人的各个具体活动的共同属性把握住，抽象出一般性的劳动概念，以防止引起混乱。这个理论工作首先由亚当·斯密来进行，他基本揭示了"劳动一般"，但并没有认识到自己做了这么一件大事。"亚当·斯密大大地前进了一步，他抛开了创造财富的活动的一切规定性，——干脆就是劳动，既不是工业劳动，又不是商业劳动，也不是农业劳动，而既是这种劳动，又是那种劳动。"① 马克思指出，"既是这种劳动又是那种劳动"也就是"劳动一般"。"劳动一般"即具有普遍性和一般性的劳动概念，从人类思想史上来看，"劳动一般"概念的提出是一个重大的历史进步，马克思肯定了亚当·斯密在劳动范畴上所作的理论贡献，并深刻指出，"这一步跨得多么艰难，多么巨大，只要看看连亚当·斯密本人还时时要回到重农主义，就可想见了"②，就是说亚当·斯密本人也常常把劳动等同于农业劳动。

马克思在《资本论》中给劳动下了一个经典定义，这是关于

---

① 《马克思恩格斯全集》第三十卷，北京：人民出版社1995年版，第45页。
② 《马克思恩格斯全集》第三十卷，北京：人民出版社1995年版，第45页。

劳动的既科学又深刻的定义："劳动首先是人和自然之间的过程，是人以自身的活动来中介、调整和控制人和自然之间的物质变换的过程。人自身作为一种自然力与自然物质相对立。为了在对自身生活有用的形式上占有自然物质，人就使他身上的自然力——臂和腿、头和手运动起来。当他通过这种运动作用于他身外的自然并改变自然时，也就同时改变他自身的自然。"①这个定义一共有四句话。前两句话强调劳动一定是使客体对象发生改变的活动，是主观见之于客观的直接现实性的活动。第三句，"为了在对自身生活有用的形式上占有自然物质"强调劳动是满足物质需要的生产活动。前三句是劳动最起码最基本的内涵，也是劳动概念形成最初最原始的内涵，就是人付出体力和脑力，改变自然界的直接存在状态，生产出满足人的物质需要的产品的活动过程。因此，劳动最起码最基本的内涵，即劳动概念的核心内涵可以总结为以下两点：一是，劳动标示的是人的具体的改造对象的活动，具有客观物质性和直接现实性，也就是说，劳动是具体的、可以感知的现实活动，是运用物质手段直接改变现实事物、获得能够满足需要的人工产品的活动过程；二是，劳动标示的是满足人的物质需要的物质生产活动，也就是说，劳动是指生产满足人

---

① 《马克思恩格斯全集》第四十四卷，北京：人民出版社2001年版，第207—208页。

的吃、穿、住、用、行等物质生活资料的生产活动。

劳动定义的第四句，即劳动改变身外自然的同时，改变人自身的自然，这句话很有深义，这是马克思的劳动定义超越以往劳动定义的精深之处。从劳动概念形成看，劳动概念的原始内涵中没有包括改变身内自然的意思——改变身内自然、身内自然人化，这是我们下文中要讲到的"广义的实践"概念的内涵。马克思当然知道劳动概念的原始内涵，他仍把"身内自然人化"放在劳动概念中，既表明了人的活动的性质，也表明了劳动概念与实践概念的内在关系。马克思并没有把劳动与实践两个概念截然分开，表明劳动与实践作为标志人的活动的概念，它们的本质是相通的。只不过由于历史形成、习惯等原因，它们的内涵有所侧重。

（二）实践范畴的形成和发展

实践概念由来已久。古代思想家很早就注意到人的活动与动物活动的不同，注意到人的活动是有人的目的、意志参与其中的活动。中国的古人就把实践作为"实行""践履"，是指贯彻目的的行动，是主体的意志行为。因此，实践范畴常常与道德行为相联，实践是指主体理性自觉的道德活动。——古人为什么把道德活动称为实践？因为，任何道德行为都是主体理性自觉的行为，都不是人的盲目的、被动的行为。

近代唯心主义思想家进一步从能动性、创造性角度发展了实践的内涵，把实践从道德领域扩展到整个理性领域。例如，黑格尔把实践活动看成是主观改造客观对象的创造性的精神活动，是通向真理的内在环节，思想极为深刻。但是，在黑格尔那里，世界的本原是绝对精神（自我意识）。在他看来，自我意识开始是空洞的，为了获得内容，就将自身外化出来形成外部世界，在外部世界中经过一番实践活动，在对象中实现自己的目的。然后，自我意识扬弃异化，回归自身，形成抽象层次更高的意识即绝对精神。实践活动不过是绝对精神整个自我运动过程的一个环节，所以实践本质上是一种非现实性的精神活动。

黑格尔的哲学体系看上去晦涩难懂，我们可以借助马克思主义认识论的"认识的辩证过程"来理解它的思维架构。马克思主义强调，认识的辩证过程包括两个阶段：第一阶段是从实践到认识，即感性认识上升到理性认识阶段，具体来说，人们在变革对象的实践中收集各种感性材料，经过去粗取精、去伪存真、由此及彼、由表及里的加工，形成一般概念、一般理论；第二阶段是从认识到实践，也就是从理性认识到实践的阶段，具体来说，从认识的第一阶段形成的一般概念、一般理论出发，用理论指导实践活动；在新的实践中加工新材料，接触新事物，形成新认识，进一步丰富先前的理论。马克思主义强调，认识是从第一阶段开始，即在人们实践活动中，在变革事物的过程中，从获得感性材料开始形成认识，形成一般概念和一般理论。而黑格尔是从认识的第二阶段开始，也就是说，黑格尔是从我们所讲的认识的第一阶段所形成的一般概念、一般理论出发来构建他的理论体系的，这个一般概念、一般理论，被黑格尔称为自我意识、绝对理性。马克思主义强调，把理论应用到实践当中，用以指导实践活动，得到实践的验证。但这用黑格尔的话说，就是自我意识（即我们讲的一般理论）把自己对象化出去，或者外化出去，在异化世界中实现自己的目的的过程。马克思主义强调的"接触新事物，形成新认识，进一步丰富先前的理论"的过程，用黑格尔的话说，自我意识经过一番实践活动获得内容、返回自身的过程。这就是黑格尔，也是一般唯心主义的思维模式和理论框架。

实际上，马克思、恩格斯在1844年撰写的《神圣家族》中，已明确指出了思辨哲学（也是一般唯心主义）错误的认识论根源，即颠倒了一般与个别的关系。马克思、恩格斯指出，思辨哲学从个别中抽象出一般，然后就把一般独立出来，变成实体，变成构建具体、个别的根据："如果我从现实的苹果、梨、草莓、扁桃中得出'果品'这个一般的观念，如果我再进一步想象，我从各种现实的果实中得到的'果品'这个抽象观念就是存在于我之外的一种本质，而且是梨、苹果等等的真正的本质，那么我就宣布（用思辨的语言来表达）'果品'是梨、苹果、扁桃等等的'实体'。因此，我说，对梨说来，梨之成为梨，是非本质的；对苹果来说，苹果之成为苹果，也是非本质的。这些物的本质的东西并不是它们的可以用感官感触得到的现实的定在，而是我从它们中抽象出来并强加于它们的本质，即我的观念的本质——'果品'。于是，我就宣布，苹果、梨、扁桃等等是'果品'的单纯的存在形式，是它的样态。"①思辨哲学颠倒了一般与个别的关系，他们首先从个别即苹果、梨、草莓、扁桃等具体中抽象出一般即果品，但是，他们把果品抽象出来之后，就把果品这个一般概念独立出来，脱离了具体的苹果、梨、草莓、扁桃等，反而成为决定具体的苹果、梨、草莓、扁桃等本质的东西，即果品变成了独立的实体。苹果之所以具有苹果的属性，那是果品这个一般实体赋予它的。

黑格尔哲学的前提和出发点是错误的，即他把精神当成世界的本原，是唯心主义，但是也应该看到，黑格尔等唯心主义研究了概念、判断、推理等思维形式，以及分析与综合、归纳与演绎、抽象与具体等等一系列的思维方法，为人类思维科学研究作

---

① 《马克思恩格斯文集》第一卷，北京：人民出版社2009年版，第276—277页。

出了重要贡献。

旧唯物主义思想家也提到实践概念，例如费尔巴哈。但是，费尔巴哈单纯从客体角度出发，从生物学意义上的人出发来理解实践。因而，他们所理解的实践仅仅是生物适应环境的生理活动，即吃、喝、拉、撒、睡、性等活动，或者是像"卑污的犹太人"谋取私利的个人行为，因此，认为实践活动是偶然的，是个体的、细小的和零散的。最重要的是，旧唯物主义不是从主体角度去理解实践，没有看到人的活动的能动创造性，因而也认识不到实践活动的社会历史性。这是旧唯物主义实践观的根本缺陷。

近代以来，人类的活动空前丰富，经济活动、政治活动、艺术创造、科学试验等的内容和规模都是前所未有的，人类理智的力量突出显现，这是传统的劳动概念和实践范畴所不能涵盖的。用超越于劳动、实践范畴之上的更抽象、更普遍因而也是更高层次的范畴来概括人类的活动，成为时代发展的迫切需要。正是在这种背景下，马克思改造了旧实践观，创立了科学实践观。

综上，我们可以看出劳动与实践两大范畴的内在关系。一方面，实践包含着传统劳动范畴的核心内涵，首先是感性的、客观的物质性活动，是直接现实性的活动，是对现实对象实实在在的改造过程；另一方面，马克思改造并利用了唯心主义旧实践的内涵。实践是能动的创造性活动，是人的本质力量对象化的活动和过程。它表明，人在劳动中不仅使自然物发生变化，还在自然物中实现自己的目的，并改造身内自然性。

二、实践的本质内涵：人的对象化活动

马克思主义科学实践观认为，实践是人的对象化活动——这个定义是马克思给出的。实践是客观物质性的活动，是直接现实性的活动，是能动的创造性活动，是社会历史性的活动。

（一）什么是对象化活动

劳动、实践是人的对象化活动，这是马克思、恩格斯著作中一以贯之的思想。在《关于费尔巴哈的提纲》中，马克思指出："费尔巴哈想要研究跟思想客体确实不同的感性客体，但是他没有把人的活动本身理解为对象性的活动。"[1]马克思在《1844年经济学哲学手稿》《资本论》等著作中，较多地使用了对象化概念，并解释了什么是对象化活动。

什么是对象化活动？

何谓"对象"？宇宙间一切事物都是普遍联系、互相作用

---

[1] 《马克思恩格斯文集》第一卷，北京：人民出版社2009年版，第499页。

的，一事物与另一事物发生某种关系，后一事物就是前一事物发生关系的对象，当然前一事物也是后一事物的关系对象。自然界中事物之间的对象关系是固定的、狭窄的、有限的，例如动物，兔子的对象就是草，猫的对象就是老鼠等。而人的对象是开放、复杂、无限的，因为人以自己的创造物为对象，从理论上来讲，人可以将任何事物变成自己的对象。

　　什么是对象化？黑格尔较多地使用过这个概念。黑格尔认为，世界的本原是绝对精神，自我意识是绝对精神发展的一个阶段。自我意识是实体即主体，开始是空洞的，缺乏内容，为了使自身获得内容，它把自身外化为客体。外化也称为物化、异化，自我意识的外化、物化、异化，就是自我意识的对象化。因此，在黑格尔那里，外化、物化、异化和对象化，这四个概念是一个含义，都是指自我意识在外部世界中实现自己的目的过程。

　　费尔巴哈没有明确区分对象化和异化概念，尽管他在研究宗教史时意识到，对主体来说，对象化是异己的关系（异己即与自己不同，例如，自然界对人来说，就是异己），而异化是对立的关系（即敌对关系，一方压迫、剥削、控制另一方）。当然，费尔巴哈没有对此做进一步的区分和研究。费尔巴哈超越黑格尔之处在于，他认为对象化的主体不是自我意识，而是"现实的人"（感性存在）。

马克思沿着费尔巴哈的路径，从现实的人出发进行研究。但马克思认为对象化的主体不是像费尔巴哈所说的感性存在——费尔巴哈所说的"感性存在"是指离开社会实践活动的抽象的现实的人，而是强调，现实的人是从事社会实践活动的活生生的人。并且，马克思把对象化和异化区分开来，强调异化是人类发展到一定历史阶段的现象。在资本主义私有制社会，劳动异化了，劳动者创造的产品不归劳动者自身占有和享受，而是被资本家无偿占有和使用，随着资本主义私有制的扬弃，一定会超越这种现象，消除异化。而对象化则是人类社会存在的永恒基础，只要人类存在，对象化活动就永远存在。这样，马克思在黑格尔、费尔巴哈"对象化"概念内涵的基础上，对"对象化"进行了马克思主义唯物主义改造，使"对象化"成为一个全新的概念。

根据马克思的观点，我们可以把"对象化"概念总结定义如下：所谓"对象化"，就是人在改造客体的实践中将自己的目的、愿望、理论、知识、规则、意志、情感、理想、信念和审美等等渗透到对象之中，以物的形式凝结在产品上；同时通过概念、判断、推理等思维形式和归纳与演绎、分析与综合等思维方法把对对象的属性、规律等的认识纳入主观世界，并通过占有和享受人工产品，在满足需要的基础上，在对人化自然的直观中，构建人所特有的精神文化世界。

对象化活动既是主体客体化的过程，也是客体主体化的过程。具体来说，其整体过程，分为三个方面，即改造活动的过程、认识活动的过程和体验、欣赏（审美）活动的过程。

1.改造活动的过程主体客体化

从对象角度讲，对象化就是主体的客体化，指在劳动实践中人的本质力量在对象中的实现。这是"对象化"最基本的内涵。在改造客体对象的活动中，主体将自身的本质力量渗透到对象之中，以物的形式（或者是服务的形式）凝结在产品上，创造出人工产品，满足人的需要。

这里有一个重要概念：本质力量。什么是人的本质力量？简单地说，就是人自身具有的全部能力，它体现为人的社会性力量与个体禀赋的统一，体现为人的体力与脑力的统一。具体来说，人的本质力量包括人的体力、脑力，人的需要、目的、情欲，人的感性能力、思维能力，人的愿望、理想、知识、规则、智慧以及意志、情感、审美情趣等等。人的本质力量不是人先天就具有的，也不是一经获得就永恒不变的，而是人们在改造自然的实践中获得的、经过人类世世代代积累而形成和发展的。"人的本质力量"概念来自旧哲学，马克思在《1844年经济学哲学手稿》等早期著作中较多地使用过；在其后的著作中，为了和旧哲学相区别，他不再直接使用这个概念，而是用一些具体的概念，例如人的能力、人的力量、主体的力量等等。但是"人的本质力量"这个概念所表达的思想一直贯穿在马克思、恩格斯的全部著作中。

实践首先是人的本质力量对象化活动，也就是人把自身的目的、愿望、理论、知识、规则、情感、意志、理想、信念、审美情趣等等，渗透到对象当中，以物的形式表现在人工产品之上。例如，不锈钢保温杯，它是由铁矿石做成的。制作杯子的过程就是人的本质对象化的过程，就是主体运用自己的力量，把自己的目的、愿望、理论、知识、情感、意志、理想、信念、审美等渗透到铁矿石之中——这里，目的、愿望就是做一个盛水器皿，满足人们喝水的需要；理论、知识就是对铁矿石性质的认识，如对密度、硬度、遇高温变形等属性的认识；意志就是在制造杯子的过程中，主体制定目标并克服困难、坚持不懈达到目的的心理状态；情感就是人与人的关爱之情——这一点很重要，因为人们制造杯子主要是为满足别人的需要，情感就是人们对他人怀着的负责之心、仁爱之情，对他人利益的关心、对他人需要的满足，人文情怀，为社会担当的责任感、使命感等等，这些对人的情感需要的全面满足是极重要的，情感对象化是劳动对象化的重要内容。再看，理想就是所追求的杯子的理想图式；审美就是主体心中美的形式及呈现等——所有这些以物的形式凝结在产品上，制造出满足人的需要的人工产品，即手中的保温杯。当然，劳动对象化创造的人工产品，不仅包括水杯等实物产品，还包括艺术作品、服务等等。

马克思的《1844年经济学哲学手稿》是讨论对象化概念较多的著作。马克思指出："劳动的产品是固定在某个对象中、物化的劳动，这就是劳动的对象化。劳动的现实化就是劳动的对象化。"①劳动过程就是人的本质力量对象化的过程，而对象化的结果就是劳动产品，劳动产品确证了人的本质力量，因而，"随着对象性的现实在社会中对人来说到处成为人的本质力量的现实，成为人的现实，因而成为人自己的本质力量的现实，一切对象对他来说也就成为他自身的对象化，成为确证和实现他的个性的对象，成为他的对象，这就是说，对象成为他自身"②。随着主体改造客体活动的深入，人工产品、人化自然的形成，对象改变了原先的自在存在的形式，不再与人无关，不再是异于人的存在，不再是自在之物，而是成为"为我之物"，即体现人的能力，体现人的愿望、意志、需要等的人化自然，成为人的对象。例如，人们通过劳动制造出不锈钢保温杯，自然界中的铁矿石不再与人无关、不是人的对象；经过对象化活动，铁矿石变成杯子，杯子就是人的对象。

---

① 《马克思恩格斯全集》第三卷，北京：人民出版社2002年版，第267—268页。
② 《马克思恩格斯全集》第三卷，北京：人民出版社2002年版，第304页。

那么，对象怎样成为人的对象？也就是说，人的本质是如何在对象中实现的？马克思指出："对象如何对他说来成为他的对象，这取决于对象的性质以及与之相适应的本质力量的性质；因为正是这种关系的规定性形成一种特殊的、现实的肯定方式。……每一种本质力量的独特性，恰好就是这种本质力量的独特的本质，因而也是它的对象化的独特方式，它的对象性的、现实的、活生生的存在的独特方式。因此，人不仅通过思维，而且以全部感觉在对象世界中肯定自己。"①对象成为人的对象既取决于对象的性质，也取决于与之相适应的人的本质力量的性质。例如，外部世界有声音，正好人的耳朵具有听的能力。以音乐为例，音乐是人的创造物，那么外部世界的声音是如何人化、成为音乐的——就是耳朵"听"的能力与其他感觉，如美感以及人的思维、知识等综合在一起，渗透进、融合在声音之中，以美的形式呈现出来，就形成了音乐。音乐不仅体现主体的理性、知识等思维，而且还有人的兴趣、爱好、意志、情感、理想、信念、审美情趣等全部感性，当然这是一种理性的感性，是社会性的感性。而音乐之所以让人愉快，舒缓人的心灵，是因为音乐里含有人的因素、主体的力量，这一力量不是个体的、有限的力量，而

---

① 《马克思恩格斯全集》第三卷，北京：人民出版社2002年版，第304—305页。

是人类自诞生时起就不断积累、传承而形成的人类整体的力量。人们在欣赏音乐时，感受到这种力量，把人类整体的力量纳入自己的精神世界，成为自己的力量，这让人感到愉快。

其后，马克思在《资本论》中谈到劳动过程及其本质时，大量使用了对象化概念。马克思指出："在劳动过程中，人的活动借助劳动资料使劳动对象发生预定的变化。过程消失在产品中。它的产品是使用价值，是经过形式变化而适合人的需要的自然物质。劳动与劳动对象结合在一起。劳动对象化了，而对象被加工了。"[①]劳动对象化表明人作为主体运用自身的本质力量、通过活动改变自然的自在形式，创造出人工产品满足人的需要，人的体力、智力，人的目的、知识、情感、意志等等消失在产品中，也就是融合在产品之中，以物的形式凝结在人工产品上。可见，马克思在这里所使用的"劳动的对象化""人的对象化""主体的对象化"等，都是指人的本质力量的对象化；劳动的过程就是人的本质力量对象化在客体之中、人化自然的过程。

2.认识活动的过程

对象化的内涵主体方面表现为客体的主体化。客体主体化的内涵之一是认识活动过程，是在主体改造客体的过程中，人

---

① 马克思：《资本论》第一卷，北京：人民出版社2004年版，第211页。

脑通过概念、判断、推理等思维形式，运用分析和综合、比较和分类、抽象和概括等思维方法，对输入人脑的关于对象的信息进行加工、整理，总结、概括其内在本质、规律，形成经验、理论知识、规则，丰富人的主观精神世界。这里存在一个问题：这些知识的内容是客观的，那它们的客观性来自哪里？在人的本质力量对象化活动中，在主体改造客体的实践过程中，对象客体虽然被改造过了，但是它的客观性并没有丧失，仍然作为不以人的意志为转移的客观对象而存在，不仅仍然按照自身的规律而运动，而且以自己的本性去规定主体，迫使主体服从自身的内在属性和规律。——例如，铁矿石质地坚硬，不适合做衣服，所以人们一般不用铁来做衣服。

只有变革对象，才能深刻地认识对象。正是在变革对象的实践中，客体的客观属性、结构、本质、规律等才进入人的大脑，沉淀在主体的经验、知识、理论、规则、能力等之中，丰富人的主观世界，变成人的本质力量。这是客体主体化的重要内涵之一。

3.体验与欣赏活动的过程

实践活动不仅包括上述认识、改造对象的活动，还内在地包括人通过占有和享受对象化的成果即人工产品，所产生的体验和欣赏活动。在这里，劳动成果、人工产品、创造物等就是马克思所说的"人化自然"，即人工客体。在体验、欣赏即审美活动中，人在人化自然中"直观自身"，从而创造了人所特有的精神文化世界。这是客体主体化的另一个重要内涵。

实践为什么会包括体验和欣赏活动呢？因为人们进行生产的根本目的是消费，消费就是占有和享受劳动产品，满足人们的需要。人们在占有和享受劳动产品中，通过对人化自然即人工产品的品味、反思等体验活动的基础上，人与对象进入欣赏关系，从而在自己的创造物中"直观自身"，获得了一个人所特有的精神文化世界。这个精神文化世界对人来说意义极为重大。

那么，这个精神文化世界是如何形成的呢？

一方面，在占有和享受劳动产品的过程中，"物主体化"。

马克思指出："在生产中，人客体化，在消费中，物主体化。"[①]在生产中，人客体化，这个我们前面讲过了。这里"消费"，即占有和享受产品满足需要；这里"物主体化"的"物"，是指人工创造物，人工创造物作为生活资料是对人的吃、穿、住、用、行等物质生活需要的满足——这是物主体化的基本含义，即人对物功利性地占有和享受。但与此同时，在物质需要满足的基础上，人通过对人工创造物超功利的品味、反思、体验和欣赏，实现物对人的精神需要的满足和升华，从而产生一个超越

---

① 《马克思恩格斯全集》第三十卷，北京：人民出版社1995年版，第30页。

现实的精神文化世界。这是"物主体化"最重要的内涵。

当然，这里的"物"是主体对象化的成果即人的创造物，不是未经人的对象化的纯粹自然物。动物消费的是纯粹自然物，而人消费的是人工创造物。只有占有和消费人工创造物，人才能获得动物没有的精神文化世界。如果人占有和享受的是纯粹自然物，那么就会和动物一样，不会成为真正的人。为什么呢？马克思在《1844年经济学哲学手稿》中指出："只有音乐才能激起人的音乐感；对于没有音乐感的耳朵来说，最美的音乐毫无意义，不是对象，因为我的对象只能是我的一种本质力量的确证。"①这里，"只有音乐才能激起人的音乐感"，为什么呢？因为音乐中包含着人的目的、愿望、理论、知识、规则、情感、意志、理想、信念、审美等等人的因素、主体的力量，这些不是偶然的个人的力量，而是人类整体的力量。人在欣赏音乐的过程中，感受到、品味到人的这些力量，并把他人的力量、人类整体的力量纳入自己的精神世界，变成自己的力量，进而不断丰富自身的精神文化世界。因此，只有在人所创造的世界中，人才能获得人的感性的丰富性和全面性，才能获得思维、理性和智慧等等，人才能摆脱动物的贫乏，从而构建人所特有的精神生活世界。用马克思

---

① 《马克思恩格斯全集》第三卷，北京：人民出版社2002年版，第305页。

的话来说就是："只是由于人的本质客观地展开的丰富性，主体的、人的感性的丰富性，如有音乐感的耳朵、能感受形式美的眼睛，总之，那些能成为人的享受的感觉，即确证自己是人的本质力量的感觉，才一部分发展起来，一部分产生出来。因为，不仅五官感觉，而且连所谓精神感觉、实践感觉（意志、爱等等），一句话，人的感觉、感觉的人性，都是由于它的对象的存在，由于人化的自然界，才产生出来的。五官感觉的形成是迄今为止全部世界历史的产物。"[①]我们把前面一大句复杂句变成简单句就是：只是由于人的本质的客观地展开的丰富性，人的感觉丰富性才产生出来，即只是由于人工创造物的丰富性，人的感觉丰富性才产生和丰富起来。这里人的感情、感觉是指理性化、社会化的感情、感觉。由于人化自然界即人工创造物的存在，人的感觉，人的理智、知识、意志、爱等等全面的精神生活才产生出来，并随着人的本质对象化的深入和人化自然界的日益丰富，形成了人所特有的精神文化世界。

那么，人的精神文化世界具体是怎样形成的呢？我们看：

另一方面，在占有和享受人工产品后，人在人化自然中"直观自身"。

---

① 《马克思恩格斯全集》第三卷，北京：人民出版社2002年版，第305页。

　　为什么只有人化自然界才能使人获得日益丰富的精神世界？因为人们只有在人化自然中才能"直观自身"。马克思指出："人不仅像在意识中那样在精神上使自己二重化，而且能动地、现实地使自己二重化，从而在他所创造的世界中直观自身。"① "因此，劳动的对象是人的类生活的对象化：人不仅像在意识中那样在精神上使自己二重化，而且能动地、现实地使自己二重化，从而在他所创造的世界中直观自身。"②马克思强调，人不仅在头脑中改造观念对象，构建体现自己的需要、意志、愿望、知识等的理想图式或方案等，而且在现实实践中改造对象，把理想图式、方案等变成现实创造物，然后在占有、享受、消费现实创造物的过程中，在人化的世界中"直观自身"。"直观自身"也就是看到了人自己。

　　那么，人在人工创造物、人化世界中到底"直观"到什么了？

　　第一，直观到人自身的能力、本质力量、人的主体性。通过对劳动产品的占有和享用，创造物比自然物更好地满足了人的需要，人从人工产品、从人化自然中感受到、体验到人自身的能力和本质力量。由此，人的主体性得到人自身的确认。这一点非常重要，正因为有了对自身主体性的确认，人才能自觉发挥能动性

----

　　① 《马克思恩格斯全集》第三卷，北京：人民出版社2002年版，第274页。
　　② 《马克思恩格斯文集》第一卷，北京：人民出版社2009年版，第163页。

和创造性，从而推动实践活动不断获得成功。如果你都没有认识到你作为主体的能力，怎么去主动发挥你的能动性？

第二，直观到人工产品的功能性实现情况，从而验证知识的效用并构建理想的精神文化世界。也就是说，人通过占有和享受人工产品，知道了自己的需要的满足情况。另外，一方面，人可以验证指导实践的理论、知识是否正确；另一方面，因为自己使用过了，所以知道产品是否舒适、是否满意，当下的产品还存在哪些缺点、不足，在未来的实践中，要怎样改造和完善它才能更合人意。由此，人产生了对理想的构建和追求，头脑中形成了一个超越现实的理想世界。然后，人再按照理想世界来改造现实世界。

第三，重要的是，人在占有和享受劳动产品之后，人的需要得到满足、主客体的矛盾得到初步解决，主客体的关系将进入更高的境界。——什么叫主客体的矛盾？主客体的矛盾，即主体的需要与自然界直接状态不能满足人的需要的矛盾。人通过劳动创造出人工产品，再通过占有和享受这个人工产品，满足主体的需要。在主客体的矛盾得到初步解决的基础上，主体摆脱了客体作为异己的力量与自身的对立，客体对象原来与我无关，现在由"自在之物"变成"为我之物"，从而摆脱了主客体矛盾冲突给主体带来的紧张压抑情绪，缓解主客体矛盾对立给主体带来的焦虑的心境。这时，主体就有时间、精力去理解、品味、反思和欣赏自己的作品。由此，人与创造物之间就由占有关系发展为欣赏关系，即审美关系。人们对人化自然的品味、反思和欣赏，产生美感体验，这是人所特有的一种情感体验活动，是主体对对象的欣赏活动，是审美活动，是超越主客体对立的主客体更高境界的统一关系，这一统一关系体现着知、情、意的融合，情感与理智的协调。在此基础上，人建构了一个更加全面、丰富的精神文化世界。

综上，人在人的对象化活动中，一方面，人们借助概念、运用语言文字，概括、把握对象的本质、规律，形成经验、理论知识、规则，丰富人的主观精神世界；另一方面，人在人的需要得到满足的基础上，在对对象体验、品味和欣赏的过程，人在人化世界中直观自身，建构体现主体情感、意志、理想、审美情趣等的精神文化世界。这是一个超越单纯理性和单纯感性的世界，是体现全面性和丰富性的精神文化世界。人们总是依据这个理想的精神文化世界来反观现实，衡量现实，反思现实，发现现实中的种种不足和局限性，并在下一次实践活动中修正、改造现实，从而创造出一个更如意、更完美的人化世界。有了理想的精神世界的引领，人的实践活动就有了方向，即朝着人们向往的理想世界不断迈进。这个随着实践发展而不断完善的理想的精神世界，是人的创造力的源泉和实践不断向前发展的推动力，是人所特有的、人之为人的根据。这也就是为什么人的世界不断向前发展，而动物世界只能局限于自然本身，陷入轮回。因为动物只有一个世界，即现实世界，而人有两个世界，除了现实世界，还有一个动物没有的精神文化世界。

正是在这个意义上，我们说，通过占有和享受人工创造物、在体验和欣赏活动中、在人化自然的直观中建构人所特有的理想的精神文化世界，是人类总体实践活动的内在环节。

（二）只有全面性地"占有和享受"才能不断形成、丰富人的精神世界

人的创造力来源于精神世界的丰富性，而精神世界的丰富性来源于人化自然世界。人化自然如何"主体化"、如何造就人的丰富性？只能通过人对创造物的占有和享受。人们占有和享受的创造物越多，物主体化的内容越多，人从人化自然中获得的精神力量就越大，人的精神世界就越丰富，人的创造力就越强，现实生活世界就越完美。相反，消费（包括物质消费和精神消费）越低下，占有和享受人工产品越少，人就越愚钝，创造力也就越贫乏。马克思曾指出，在资本主义社会，"劳动生产了宫殿，但是给工人生产了棚舍。劳动生产了美，但是使工人变成畸形。劳动

用机器代替了手工劳动，但是使一部分工人回到野蛮的劳动，并使另一部分工人变成机器。劳动生产了智慧，但是给工人生产了愚钝和痴呆"①。这表明，在资本主义社会，工人创造了巨大的财富，但是工人却不能占有和享受到自己的劳动成果，食不果腹，衣不遮体，生活环境和卫生条件极差，过着艰难困苦的生活。因此，生产的发展、财富的增加给工人带来的却是"愚钝和痴呆"，是精神生活的贫乏。工人之所以精神生活贫乏，是因为工人除了必要的食物等最低的生活需要外，没有充分、全面地占有和享受到人工创造的产品。

正是在这个意义上，以习近平同志为核心的党中央特别强调，要让改革开放的成果惠及广大人民群众，要让广大群众共享发展成果。一个人只有尽可能多地占有和享受产品——这个产品包括物质产品、服务和艺术品等等，除了实物产品，还包括教育、医疗、交通、旅游、休闲娱乐、艺术欣赏等一切服务，只要是能促进人的发展的产品，都应该占有和享受。一个人享受的劳动产品越多，这个人才能有一个越来越丰富的精神世界，他的思想才不会仅仅局限于物质利益，精神才不会是贫乏枯燥的。有人错误地认为，只要尽可能地减少消费，简化生活，远离城市，没

---

① 《马克思恩格斯全集》第三卷，北京：人民出版社2002年版，第269—270页。

有琐事的烦恼，就可以自由快乐地生活——作为个人的偶然行为是可以理解的，但是从人类整体而言，这并不符合人类现实的社会生活。缺乏消费——无论是物质产品的消费，还是精神产品消费，都会使人缺乏创造力；缺乏创造力，人类社会就无力向前发展，人就不能获得越来越大的自由。

总之，"占有和享受"作为整体性实践内在环节具有极为深远的意义。占有、享受劳动产品对于人的意义，绝不仅仅是能满足人的自然需要，维持人的基本生存，而是在此基础上，人对人化自然世界的反思、品味、欣赏等体验活动促进了人的精神世界的丰富和全面。

但是，这里需要强调的是：只有全面"占有和享受"（而不是片面"占有和享受"）才能不断形成、丰富人的精神世界。

占有和享受分为片面占有和享受及全面占有和享受。所谓"全面占有和享受"，是在个体物欲满足的基础上，对超功利的价值的追求，是人的精神生活的丰富。人对人化自然的占有和享受应该是全面的，而不应是片面的。所谓"片面占有和享受"，是单纯的个体物欲满足，受制于本能欲求、生理需要等内在必然性，一切行动都以此为唯一目的，外部世界（包括自己的同类）仅仅是满足本能欲求、生理需要的单纯手段。并且，满足需要的方式是直接占有方式。这种单纯的物欲关系状态使人局限于感官的欲望和个体物质需要的满足，被自身的本能欲求所控制，是身内自然的奴隶。因此，马克思指出，"为了人并且通过人对人的本质和人的生命、对象性的人和人的作品的感性的占有，不应当仅仅被理解为直接的、片面的享受，不应当仅仅被理解为占有、拥有"①。——例如，一位桃园经营者，春天的时候在社交媒体上晒出桃花盛开的十里桃林照片，令欣赏者不禁沉浸在对桃林美景的憧憬中、沉醉于"桃之夭夭，灼灼其华"的美好意境里。与此同时，该经营者还在照片下面留下一行字："桃花都开了，离吃桃子的日子还远吗？"——说明了该经营者售卖桃子的本意，这种对桃花的单纯物欲的态度，消解了人们欣赏桃花的快乐。人对人化自然的单纯物欲的关系，会禁锢人的想象力，令人才思枯竭而缺乏创造力。如果人单纯以对物的直接享受为满足，一切肉体的和精神的感觉都被拥有的感觉所代替，那么就无法看到自己产品中所透射出的人的力量和人的主体性，无法领会人化自然的美和规律，进而无法超越其上并进入人对对象的反思、品味、欣赏等审美关系领域，也就无法构筑一个理想的精神文化世界。

如果一个人只是片面占有和享受，那么这个人消费的产品再

---

① 《马克思恩格斯全集》第三卷，北京：人民出版社2002年版，第303页。

多、再时尚、再高级，他的精神世界也是贫乏的。因为他只是关注了自己占有和享受的产品的实用功利方面，而没有在这个基础之上，对产品中所蕴含的超功利的美和人的主体性力量等进行全面的占有和享受，所以很多人开名车、戴名表、住豪宅，但是精神世界空空如也，终是无趣的人。

马克思强调，对物的占有和享受要以人的全部感觉实现对对象的全面占有和享受："人以一种全面的方式，就是说，作为一个总体的人，占有自己的全面的本质。人对世界的任何一种人的关系——视觉、听觉、嗅觉、味觉、触觉、思维、直观、情感、愿望、活动、爱，——总之，他的个体的一切器官，正像在形式上直接是社会的器官的那些器官一样，是通过自己的对象性关系，即通过自己同对象的关系而对对象的占有，对人的现实的占有。"①这就是马克思所强调的人应该是全面占有对象。人对对象的占有和享受不是单纯的物欲满足，而是以全部感觉、全面的方式占有和享受对象。全部感觉即包含理性的感性，是社会性的感性，是超越单纯个体物欲之上的感觉，以此来实现对物的全面占有和享受，由此才能不断形成和丰富人的精神文化世界。

---

① 《马克思恩格斯全集》第三卷，北京：人民出版社2002年版，第303页。

（三）实践与世界的二重化：主体与客体，主体意识与对象意识、自我意识

在人类诞生之前，世界本就是浑然一体的，没有主体与客体之分。但是当人类开始劳动、开始实践时，世界就一分为二，分为主体和客体，有了主体意识和对象意识、自我意识，进而有了主体、客体与实践三者之间的关系。我们以人类第一把石刀的诞生为例，分析人类的主体与客体是如何分离的，主体意识和对象意识、自我意识是如何在这个过程中产生的，从而进一步深化对"实践是人的对象化活动"定义的理解。

1.什么是主体与客体？

主体与客体是哲学中使用的一对基本概念。马克思说过，"主体是人，客体是自然"，这是最基本的含义。这里，主体是人好理解，客体是自然，这个自然是广义的，包括自然界、人类社会和人自身的自然。主体和客体进一步理解就是：主体是实践活动的组织者、承担者、实施者、发起者，也是实践成果的占有者和享受者；客体是实践活动所指向的对象，是被控制者和被支配者，而主体则是控制者、支配者；二者地位是有本质不同的。因此，主体与客体，不仅是称谓的不同，而且性质根本不同。

动物是否有主客体关系？——动物没有明确的主客体关系，

只有人才有明确的主客体关系。因为动物与自然是一体的，动物从来不把周围的世界看成是与自身不同的对象，更不会有自觉地改造对象的意识。草就是兔子的生命，兔子是老虎的生命，它们是浑然一体的。动物既然把周围的世界看成是与自己相同的，没有与自然分化、对立，所以动物也不会去主动地、自觉地去认识世界和改造世界。

那么，人是从什么时候开始有主客体区分的？——是从制造和使用工具开始的。最早的人跟动物一样，人与自然是一体的，但是随着人类开始制造工具、使用工具改造自然，人与自然的关系就发生了根本改变，人不再把自己看成是与自然一体的，自然成了人们改造的对象。由此，主客体就分化了。在主客体相互建构的过程中，人才有了人的意识，有了明确的对象意识、自我意识和主体意识。

2.什么是对象意识与自我意识，以及主体意识？

从心理学角度讲，人的意识包括认知活动过程和情意活动过程两个方面，认知活动是人对客观事物、周围环境的认知、理解和反应，而情意活动则是人对自身状况的认知、理解和体验。前者为对象意识，后者为自我意识。简而言之，所谓"对象意识"，就是主体关于对象世界的状态、结构、属性、规律等的认知和把握；所谓"自我意识"，就是人对自身状况如自身特点、属性及内在需要、目的、态度、评价等的认识和把握。

什么是主体意识？就是人作为主体对自己的主体地位、主体能力和主体价值的认识和把握，以及在此基础上对客体对象自觉地认识和改造的意识。简单的理解就是：我作为主体，我就是实践活动的主导者、控制者和支配者的这种意识。这里，自我意识与主体意识不太好区分，理论界很多学者把二者混淆在一起。事实上，自我意识是主体对自身状况的认识；而主体意识不仅包括主体对自身状况的认识，还包括主体对自身作为主体而存在的意识，包括自觉行动的意识。具体来说，主体意识不仅包括对自身状况的认识，还包括对客体事物属性、规律等的认识，以及主客体之间关系的认识。也就是说，主体意识包括对象意识和自我意识，是对世界更高层次的认识和把握。主体意识内涵更大。例如，一个刚刚进入大学校园的男生对班级里的一个女生心生爱慕，感觉这个大眼睛、长头发的女生很合自己的心意——这是自我意识。然后男生开始关注这个女生：她是哪里人，她的兴趣、爱好是什么等等——这是对象意识。后来，男生决定追求那个女生，这需要他自己想办法，如制造偶遇、写信或请看电影等，更需要他自己去付出行动，不能让好哥们代劳——这就是主体意识。

主体意识和对象意识、自我意识是如何产生的，主客体是怎样分化和相互建构的呢？主客体的分离和对立是从制造工具开始的。制作工具是人类最早的生产活动的第一个目标，以制作"石刀"为例，来论述这个过程。

在人类社会早期，人的活动跟动物一样，是本能活动，后来人类大量从事本能劳动。什么叫本能劳动？就是使用天然工具的劳动，人类最早是大量使用天然工具的，最开始使用的石刀便是天然形成的，是人们从自然界中一大堆石头里挑选出来的天然石片。后来，人们经过反复观察试验，发现这个天然石片切割食物很好用，所以人们每天用这个石片切菜做饭。在这个过程中，人类的祖先经过反复使用，逐渐发现"石片"具有质地坚硬的性质以及切割的功能，从而在头脑中逐渐建立起"石刀"的图像。这是第一步。然后，人们经过反复的经验观察，或者因自然力的作用——例如，人们从山崖下走过，经常看到山崖高处的石头掉下来，砸到山崖下面的大石头，石头裂开来，在裂开的石头里其中就有薄薄的石头片；或者因自己偶然地用一块石头砸另一块石头，石头裂开了，在这些碎的石头中，有一种薄薄的石头片。这些薄薄的石头片跟人们捡到的天然石刀一样——这时，人朦胧地意识到石头、石刀和外部力量三者之间的关系。这是第二步。

"当意识到自身就是一种外部力量能使石头击碎成刀片状时，就在萌芽的形式上产生石刀成形的主体性意识。一旦环境需要，制作石刀就会作为目的来支配行动，并通过某种试探性的行为，用简单的方法把石头砸破，创造出最原始的石刀。"①萌芽形式的主体意识，就是人意识到：我可以砸碎那个天然石头，使它改变形状，其中就会有一个石刀产生，但还没有行动。一旦环境需要——什么环境需要？就是人正在制作食物，之前捡到的天然石刀坏了，不能用了。因为生理性饥饿，等着吃饭，急需一把新刀，现去大野里寻找肯定来不及，人就会想到：可以依靠外力，将一个石头砸向另一个石头，制作一把新石刀。人这样想了，就这样去做，通过各种试探性的行为，用简单的方法把石头砸碎，在被砸碎的石头中有薄薄的石头片，跟捡到的自然的石头片一样，于是就创造出人类第一把石刀。在这一过程中，人与对象的关系发生了根本变化，主客体的对象性关系事实上就确立起来了。人不再把自己看成与对象世界是浑然一体的，那个野地里的大石头不再是与自己无关的东西，而是可以成为自己改造的对象，自己与石头不再是一样的，自己是主体，石头成为客体。于是，人与周围的环境，主体与客体就明确区分开来。在这一过程中，对象意识、自我意识和主体意识越来越清晰、明确。

---

① 张海源：《实践起源论——从动物行为到人类实践》，北京：社会科学文献出版社1996年版，第57页。

对象意识就是对石头、石刀的性质、结构、属性、规律等的认识，比如人们已经知道什么样的石头一砸就稀碎，不适合制作石刀；有一种石头特别硬，怎么砸也砸不开；而有一种石头一砸就开，而且很容易形成薄薄的石片，容易做石刀等。人类的对象意识越来越深入全面。同时，人的自我意识也越来越清晰明确，人对自身的需要、目的认识也越来越深刻全面，例如人认识到，自己不仅有切割食物的需要，还有切肉、砍树的需要等。人的主体意识在此基础上也更加深刻明确，人对自己的主体能力、主体创造性等不断确认，并积极发挥主体性和能动性，明确的主体意识也就诞生了。

这是人的实践活动的初级阶段，也就是认识和改造对象的阶段。接下来，就是体验和欣赏阶段。人制造出石刀之后，当人利用这个人工制造的石刀去切割食物或者其他物品时，发现这个人工石刀跟天然石刀一样锋利、好用，而这把石刀是自然界没有的，是人自己制造出来的，就深刻体会到人自身的本质力量，人的主体性、创造性得到确认。再进一步，人反复使用这把石刀后发现了它的缺点：刀刃比较厚，不好切割；没有着力点，不好拿握等。于是，人们就在头脑中建构理想的石刀图式，在制造下一把石刀的实践中，就按照理想的石刀图式，加以改进，把人工的石刀磨一磨，使它更锋利；再安装一个把儿，使人拿握更得劲儿，从而制造出了比第一把石刀更好用、更完美的石刀。这时，人用这把石刀切割食物，吃饱喝足，需要得到满足之后，才有时间、有精力、有心情去品味、反思和欣赏自己的作品。在制造的石刀的过程中，人感受到愿望、目的和情感与天然石头的属性、规律完美切合，人把玩它、欣赏它，石刀成为人的审美对象，主客体关系进入高级阶段。人的精神文化世界也丰富起来了。

三、实践的根本特性：客观普遍性

实践具有如下根本特性：

（一）实践具有客观物质性

这个问题好理解。一方面，实践的客观性是由人的本能欲求、生理需要的客观性决定的。人作为有生命的肉体存在，先天具有本能欲求、生理需要，而满足需要的资料不在人自身，在他身外的对象世界，所以人为了活着必须不停地活动，不停地劳动、实践。实践活动与人的存在是一体的。人的本能欲求、生理需要的客观性决定了人的实践的客观性。另一方面，从实践过程看，实践的对象、手段都是客观的。实践虽然是人在一定的目的支配下有意识的活动，但它不是单纯的精神活动，实践运用物质手段使现实事物直接发生改变，创造人工产品，满足人们的实际需要，而意识、思想本身根本不能实现什么。

（二）实践具有直接现实性

实践是主观见之于客观的活动，因而是现实的、感性的活动；实践是人看得见、摸得着的活动，是人可以感知的经验的活动。也就是说，实践不是想象中的活动，是实实在在改造对象的活动，实践活动必然引起客观事物的某种变化，通过实践活动，人脑中的观念存在变成现实存在。例如，人们要盖房子，首先要在头脑中建构一个房子的理想观念图式，即画一个房子的图形、设计一个建造方案，然后把这个观念存在变成现实存在。具体来说，人们要先选合适的地址，再往工地上搬砖头、运瓦片，然后砌砖，砌到一定高度就盖房顶、铺瓦片——一座房子盖好了。这个过程是人们亲身经历过的，是看得见、摸得着的一个过程。结果就是，砖头、瓦片等按照设计图变成现实的房子。这就是实践的直接现实性。

综上，实践具有客观物质性，实践具有直接现实性，这两点就把马克思主义实践观与唯心主义实践观完全区分开了。唯心主义单纯从主体的能动性、创造性角度理解实践内涵，例如，黑格尔把实践活动看成主观改造客观对象的创造性的精神活动，实践活动在本质上是一种主体范围内的非现实性的精神活动，是绝对精神自我运动过程的一个环节。所以，这种实践不具有直接现实性。马克思主义强调，从根本上讲，实践具有客观物质性和直接现实性，是能动创造性的主体运用物质手段，实实在在地使客体事物直接发生改变，形成现实的人工产品，满足人们的实际需要的过程，而不是单纯的主观思想活动。意识、思想本身不能实现什么，马克思指出："思想永远不能超出旧世界秩序的范围，在任何情况下，思想所能超出的只是旧世界秩序的思想范围。思想本身不能实现什么东西。思想要得到实现，就要有使用实践力量的人。"[①]

（三）实践具有能动创造性

什么是能动创造性？就是人通过实践改造对象，创造出现实世界没有的人工产品。在自然状态下，动物所消费的是自然界的现成产品，兔子吃的草、老虎吃的兔子，都是自然界现成的东西。而人所享受的却不是自然界的这种现成品，人享受的是人所创造的、自然界所没有的人工产品。

人为什么能创造出现实世界没有的人工产品，而动物不能？

---

① 《马克思恩格斯文集》第一卷，北京：人民出版社2009年版，第320页。

有人说，这个问题很好回答，因为人能创造和使用工具，动物不能。但是，问题是人们怎么来理解工具呢？有人会说，工具就是镰刀、斧头、手机、电脑等实物工具。——但是，如果工具是这样的，那么动物也会制造和使用工具，蜜蜂建造的蜂巢，蜘蛛织成的蛛网，蚂蚁建造的地下宫殿，都不是自然界原来就有的，而是由于蜜蜂、蜘蛛、蚂蚁的活动而出现的；大猩猩会制造简单的工具，会把大树杈上的小枝掰下、制造木棒，会找到最合适的草棍伸到蚂蚁洞钓蚂蚁吃，等等。如何区分人的制造、使用工具和动物的"制造、使用"工具？

人确实是凭借工具创造出大自然没有的人工产品。但是，这个工具不仅仅是实物工具。工具有两种：一种是镰刀、斧头、手机、电脑等实物工具，也叫劳动工具；一种是概念、语言、文字等认知工具，也叫思维工具。——思维工具是人类重要的、根本的工具。马克思指出：语言是思维的工具，语言的产生从根本上促使人的思维发展和最终形成，而文字是人类历史上最伟大的发明。语言、文字借助于概念来表达思想——什么是概念呢？概念就是对一类事物的共同属性的抽象，具有概括性和间接性等特性。人们凭借概念、借助语言文字就能超越时空传递信息，突破感官当下的局限性。由此，人借助思维和语言、文字，构建了一个不同于现实世界的观念世界。这个观念世界是动物不具有而只有人才具有的世界。人总是根据自身的内在需要，在观念世界中构筑体现主体的目的、愿望、理想、价值追求的可能性世界即理想世界，并以此来引导自己的物质生活。由此，人在实践活动中，在改造自然的过程中，创造了一个属于人的文化世界，一个只有人才具有的精神生活世界。正如我们前面讲过的，这个精神文化世界是人的能动性、创造性的源泉，是人的活动不断超越现存世界的主体力量。所以，为什么动物不能创造，而人能够创造？就在于动物只有一个世界，即现实世界，而人有两个世界，一个是现实世界，一个是精神文化世界。

（四）实践具有社会历史性

实践的社会性即历史性，历史性也即社会性。这两个概念表达的思想各有侧重，但本质上就是一个概念。为什么这么说呢？

实践的社会性。实践是社会性活动，我们说过，在大自然面前，任何单个人的力量都是渺小的，都是极为有限的，都无法面对强大的自然界，必须要联合起来形成集体，以集体的力量去改造自然。因此，任何实践活动都是个体联合起来的活动，是集体合作的行动，不是个体的、孤立的、偶然的行为，也不是凌乱、零散地发生的。人的社会性是从动物的社群行为直接进化而来的。无论动物还是人，离开群体的孤独个体是无法独自生活的。动物也有社会性的，蜜蜂、蚂蚁、猩猩等等都是社群性极强的动物，但人的社会性与动物的社会性有着本质区别，表现在动物的社会性行为是本能行为，而人的社会性活动是人有意识的自觉的行为。当族群遇到危险时，任何一只蜜蜂或一只蚂蚁都会毫不犹豫地冲上去为集体牺牲个体。但是，这是动物的本能行为。任何一只小蜜蜂、任何一只小蚂蚁都意识不到自己为群体牺牲的意义问题，只有人能够意识到个体的价值，以及个人为他人付出、为集体牺牲的深远意义。人的行为是自觉的，是有意义的。人能认识到个人的价值，也认识到个人只有在社会关系中结合为集体，形成社会力量，才能战胜自然。这是人的社会性与动物的社会性的区别之一，但不是根本区别。人的社会性与动物的社会性最重要最根本的区别在于，人的社会性具有历史性，而动物没有历史，动物的行为没有历史性。人的社会性的历史性表现为实践活动的历史传承性。马克思说："历史不过是追求着自己目的的人的活动而已。"[①]历史就是人的活动往来接续构成的。

为什么人的实践活动具有历史性？因为人在实践中创造了概念，发明了语言和文字。概念是语言文字的载体、中介和工具。

---

① 《马克思恩格斯文集》第一卷，北京：人民出版社2009年版，第295页。

人正是借助于概念、运用语言文字来表达思想。语言和文字具有抽象性、概括性，具超越时间和空间传递信息的特点。人们借助概念、运用语言文字等，将自己的实践经验记录下来，形成理论知识、规则等传承给后代人；后代人总是在前人实践成果的基础上进行新的创造。每一代人都不是从头开始，每一代人都是把前人实践积累的人的本质力量纳入自己的活动之中，壮大自己的力量和实践能力。动物没有历史，不能传承，动物每一代都是从头开始，为什么？因为动物没有概念和思维，没有语言文字。大猩猩会制造简单的工具，会用草棍伸到蚂蚁洞钓蚂蚁吃，但是技艺高超、经验丰富的老猩猩没有办法把自己的技艺传承给后代，每一代动物都不得不重新开始，只能陷入大自然的轮回之中。

因此，人的任何实践都是包含以往发展全部成果的活动。实践可以表现为个体活动，但从根本上讲，任何社会中的个人都是凭借人类的力量去活动。因而，实践的社会历史性决定了实践具有普遍性。马克思在《1844年经济学哲学手稿》中举过一个例子：科学家在实验室做实验，好像是一个人在工作，但实际上他参考的资料、使用的仪器都是前人或者他人劳动的成果，他不是一个人在工作，而是同他人一起在工作。马克思、恩格斯还常常举鲁滨孙的例子。鲁滨孙在荒岛上生活了20多年，表面上看是一个人在劳动，但是实际上，他也不是靠一己之力在劳动。鲁滨孙依靠了什么呢？他依靠了两种力量。首先，是实物工具的力量。他从沉船走上荒岛的时候，从沉船上搬去了很多东西：食物、甘蔗酒，还有重要的实物工具，包括帆杠、木板，以及特别重要的枪、火药、子弹和刀。此外，除了工具箱中的那些工具外，他还找出了两把锯子、一把斧头、一个榔头……所有这些都是代表18世纪人类生产力发展水平的最先进工具，同时，这也是人类自制造第一把石刀起，世世代代劳动不断创造、不断积累而产生的成果。其次，除了实物工具，还有存储在鲁滨孙头脑中的各种知识的力量。鲁滨孙凭借这些积累的知识在岛上种植大麦和水稻，自制工具，加工面粉，烘焙面包；养殖动物，制作陶器，保证了自己的生活需要；还在荒岛的另一端建了一个"乡间别墅"和一个养殖场；等等。鲁滨孙做这些工作，除了凭借人类创造的实物工具，还有已经积累在他头脑中的知识。这些知识是人类一代代创造积累的成果，是人类总体性实践不断验证而确立的成果。所以，鲁滨孙实践的社会性表明并不是只有集体的联合行动才是实践，个人的活动就不是实践。个人的活动尽管表现为单个人的个体活动，但是，社会中的个人不是凭借自己一个人的力量在活动，而是凭借人类整体的力量在活动。因此，任何社会中的个人的活动本质是社会历史性的活动。正因为人的活动有了历史性，才有了实践的普遍性，也才有了人的社会关系的普遍性，也才有了具有普遍性的社会性，也就是历史性的社会性。因此我们说，实践的社会性就是历史性，实践历史性也就是社会性。

综上，实践具有能动创造性和社会历史性，实践的这两个特性使马克思主义实践观超越了旧唯物主义实践观。旧唯物主义思想家也提到实践概念，费尔巴哈也看到了实践的社会性，认为"只有社会的人才是人"[1]，但是正如马克思所说，费尔巴哈"撇开历史的进程"[2]来观察人、理解人的活动，所以他理解的人的活动是人的生理活动或者个体的谋利活动，而他所理解的人也是脱离社会历史性的实践活动的人，实际上是在现实生活中不存在的人，是只有在头脑中存在的人，也就是抽象的人。

总之，正是因为没有从主体、客体与实践"三者一体"的角度来理解实践，唯心主义如黑格尔，否认客体的客观性，只从主体角度看到了实践的能动创造性，但是他离开了实践的直接现实性。旧唯物主义如费尔巴哈，单纯从客观角度、单纯从生物学意义上的人的活动角度来理解实践，没有看到实践的能动创造性；

---

① ［德］路德维希·费尔巴哈：《费尔巴哈哲学著作选集》上卷，荣震华、李金山等译，北京：商务印书馆1984年版，第571页。

② 《马克思恩格斯文集》第一卷，北京：人民出版社2009年版，第501页。

正因为没有看到实践的能动创造性，也使他看不到实践的社会历史性。无论唯心主义还是旧唯物主义，他们的实践观都是片面的、有局限性的。马克思、恩格斯正因为立足于主体、客体与实践"三者一体"的整体方法，确立了科学实践观，才创立了辩证唯物主义和历史唯物主义，创立了马克思主义科学理论。

四、正确理解实践的重要性：关于实践问题的争论与辨析

我们说，实践在马克思主义理论体系中至关重要，实践是将主体和客体联系起来的中介和桥梁，科学实践观是理解马克思主义理论的枢纽和关键。实践问题如此重要，我们在现实中应该如何正确地看待实践的重要性呢？这里介绍两种当前理论界的相关争论，进一步深化大家对实践的理解。

1.关于广义的实践和狭义的实践

实践有广义和狭义之分。20世纪八九十年代，理论界集中讨论过这个问题。所谓"狭义的实践"，是指在认识论领域与思想活动相对应的实践范畴，其含义是与对象发生现实关系、直接改变事物的活动，即主观见之于客观的改造活动。而与其相对应的思想活动本质上是主体思想、观念范围内的活动。狭义的实践具有直接现实性，而思想活动是非现实性的活动。在认识论范围内强

调实践与认识的区分是非常有必要的。唯心主义强调精神、思想的决定作用，马克思指出："人的思维是否具有客观的真理性，这不是一个理论的问题，而是一个实践的问题。"[①]这里的实践是狭义上的实践。毛泽东在谈到认识辩证过程时说，"实践、认识、再实践、再认识，这种形式，循环往复以至无穷"[②]，这里的实践也是狭义上的实践。在认识论范围内，狭义的实践强调的是认识来源于实践并随着实践的发展而不断发展，表明实践决定认识；与人的思想活动、精神活动相比，实践活动才是根本性的、具有决定意义的活动。因此，在认识论范围内强调狭义的实践是非常有必要和重要的，它表明实践决定认识而不是相反。这一点是确定无疑的。

"广义的实践"是对人的活动的整体性规定，除了指对外在自然界的直接变革和改造活动，还包括主体的认识活动、审美活动等，是一个内涵深广的范畴。在广义实践中，认识活动、思想活动包含在实践活动中，是实践的一个环节。广义的实践概念深刻地反映了人类活动的能动创造性、社会历史性等本质特性。我们不理解广义的实践，就不能深刻理解人类活动的本质。

2.关于实践唯物主义与实践本体论的争论

20世纪80年代中期，理论界提出，要超越苏联模式的马克思

---

① 《马克思恩格斯文集》第一卷，北京：人民出版社2009年版，第500页。
② 《毛泽东选集》第一卷，北京：人民出版社1991年版，第296页。

主义哲学教材，构建新的中国的马克思主义哲学教材体系。当时的老一代马克思主义学者如高清海、肖前等提出以实践为中心范畴改造现行哲学体系的思想，后来就形成了"实践唯物主义"思想主张。再后来，有很多学者讨论实践唯物主义问题，形成了讨论热潮。

实践唯物主义强调：一是实践是构建马克思主义哲学体系的实质性、关键性概念；二是实践作为总体性范畴是马克思主义哲学的出发点，不同于其他唯物主义以抽象的"物质"范畴为出发点；三是马克思主义哲学体系创新应该以实践为中心进行构建。有些学者进一步提出了"实践本体论"思想，主张实践本体论的学者强调实践是全部世界的基础和本质，是人的一切关系产生的源泉，因而实践具有本体论意义。例如有学者提出：世界本身是什么与认为世界本身是什么，是同一个问题；感性活动是一切观念的根据，而它本身是以自身为根据，因此，感性活动即实践才是一个真正的本体论范畴，即它是一切观念的无条件的、绝对的根据。

显然，实践唯物主义，特别是实践本体论对马克思主义哲学对象、性质的理解，与辩证唯物主义对马克思主义哲学的对象、性质的理解出现分歧。实践唯物主义特别是实践本体论强调实践是全世界的基础和本质，强调从实践出发；而辩证唯物主义强调从物质出发，坚持彻底的唯物主义原则。实践唯物主义特别是实践本体论受到激烈批评，代表学者如黄枬森、陈先达等，强调辩证唯物主义的物质第一性观点，强调外部世界的客观存在是人的实践和认识发生的前提和基础，认识依赖主体而不是认识对象依赖主体；实践对于人和人类社会来说，诚然是基本的、重要的，但是，实践的决定性作用是有范围的。例如，黄枬森指出："实践改造了世界，但把实践夸大成整个世界赖以存在的基础，就太过分了。"①他在另一篇论文中指出："实践论属于历史观或社会观的范围，不是世界观。""在马克思主义哲学中，世界观是最高的（层次最高，范围最大），是核心部分，实践观不是最高的，不是核心部分，不能以实践论取代世界观。""这种辩解是把世界观问题同认识论问题混为一谈了。"②这表明，物质和实践是两个不同层次的概念，客观世界独立自在与我们对独立自在的客观世界的认识是两个概念。实践在认识论的范围内具有决定性意义，即认识来源于实践，实践决定认识而不是相反。但是，超出认识论范围，在关于世界本原问题上，即在世界观问题上，实践不属于世界观问题。因为世界观问题即世界的本原问题讨论的是物质和意识、思维和存在何者为第一性的问题，物质和意识、思维和存在都属于实体性概念。实践是关系性概念，它是在客体的属性

---

① 黄枬森：《十年来马克思主义哲学在中国的发展》，《高校社会科学》1989年第1期。
② 黄枬森：《论实践论在马克思主义哲学中的地位》，《教学与研究》1996年第1期。

与主体的需要的关系中产生的，没有主体与客体，没有世界和人，实践是不存在的。

针对以上争论，我们要从主体、客体与实践"三者一体"的整体角度分析，实践是一个关系性范畴，它同物质与意识范畴、思维与存在相比，不是一个类别的概念。实践从本质上说，是主体根据自身需要改造客体的活动，没有主体和客体，实践活动不可能产生，实践自身并不能独立存在。实践是关系性范畴，实践功能再大，也必须以客观对象为前提和基础、以满足主体内在需要为根本目的。客观对象与主体需要是实践的两个基本关系要素，没有这两个要素也就无所谓实践。

本章小结

实践概念与劳动概念都是标示人的活动的概念。马克思主义强调，从人的活动内在机理角度，实践是人的对象化活动，既是人将自己的本质力量渗透到对象中、改造事物的客体主体化活动过程，也是运用思维提炼、概括事物的本质、规律等认识活动的过程，还是人在占有享受劳动产品、满足需要的基础上，对人化自然的品味、反思、欣赏等审美活动的过程。总体来说，实践的本质特性是：实践具有客观物质性、直接现实性、能动创造性和社会历史性，因而实践具有普遍性。

第三章

从抽象到具体
——科学实践观的形成

在主体、客体与实践"三者一体"的关系中，实践是将主体和客体联系起来的中介和桥梁，是理解主体和客体的关键。实践在马克思主义理论体系中至关重要，是整个马克思主义理论体系的一个枢纽和轴心，是理解整个马克思主义理论的关键。马克思、恩格斯之所以能够在继承人类思想的优秀成果的基础上，创立伟大的马克思主义理论，是因为他们首先确立了科学的实践观。立足于科学实践观，马克思、恩格斯创造了辩证唯物主义和历史唯物主义，创造了马克思主义理论。鉴于实践在马克思主义理论体系中的重要性，本书将对马克思主义实践观的形成、发展等问题进行更进一步的深入研究。

科学实践观是如何创立的？它有着马克思主义理论形成的内在逻辑。

一、从抽象到具体：马克思哲学思维方式的转变

马克思以前的哲学思想，无论是旧唯物主义还是唯心主义，

尽管它们有着本质区别，但是它们都有一个共同缺点，即都是从抽象的规定出发解释现实世界，不能解决任何现实问题。有人说，不对，费尔巴哈就是从现实的人出发的，但是前面讲过，费尔巴哈理解的人是抽象的人，是脱离社会实践活动的人，因而是在现实生活中不存在的人。学生时代的马克思接受的就是这样的一套思维方式，这种思维方式不能满足马克思"领悟日常事物"的追求，他在《黑格尔讽刺短诗》中写道："康德和费希特在太空遨游，寻找一个遥远的未知国度；而我只求能真正领悟在街头巷尾遇到的日常事物！"[①] "在太空遨游""寻找未知国度"指思辨哲学从概念到概念、范畴之间的推演，从思想出发来解决现实问题的思维模式。马克思在学生时期就对此不满，渴望寻找新的思路。

马克思毕业后参加社会工作，在《莱茵报》当编辑和撰稿人，《莱茵报》的全称是《莱茵政治、商业和工业日报》，是一份关注社会现实问题的报纸。这一时期马克思在工作中遇到了一系列社会现实问题，如"林木盗窃法的问题""摩泽尔地区农民的贫困问题"，以及"书报检查与出版自由的问题"等。在解释和解决这些现实问题的过程中，马克思发现，这些问题都与物质

---

① 《马克思恩格斯全集》第一卷，北京：人民出版社1995年版，第736页。

利益相关，而从抽象的理念、抽象的理论出发，根本不能解决这些问题。

以"林木盗窃法的问题"为例，当时德国正处在资本原始积累阶段，容克地主对传统的公共土地进行了大规模的掠夺，其中包括许多林地。这样就使得普通农民对森林的利用受到了严格的限制。这种情况给贫苦农民的生活带来了严重的影响，因为到公共林地捡拾枯枝、采摘野果等等一向是他们谋生的一个重要手段。没有枯枝没办法做饭，没办法生活。许多农民为了反抗林木占有者的这种掠夺，也是为了维持自己的生活，继续砍伐林木，捡拾枯枝，因此，这一时期出现了大量与所谓"林木盗窃"有关的刑事案件。当局为了应对这种情况，借口1821年6月颁布的普鲁士旧的法律已经过时，试图制定新法律，新法案的主旨是把捡拾枯树枝列入盗窃林木范围，并对盗窃者予以法律制裁。也就是说，未经林木占有者的许可，农民不得捡枯枝，否则以盗窃罪论处，这就把农民逼进绝境。马克思撰写了《关于林木盗窃法的辩论》一文。马克思站在贫苦农民的立场上指出，首先，农民自古以来就在森林里捡枯枝、摘野果，这已经成为他们的习惯，这是习惯法，是合法的；与此相反，那些林木所有者的行为才是"习惯的不法行为"。其次，马克思区分了捡拾枯树枝和盗窃林木两种行为，并指出这是两个完全不同的概念，不能混为一谈。最后，马克思指出，捡拾枯树枝、摘野果子，是大自然对穷人的怜悯，是自然的事。普鲁士国家的法律不顾农民的利益而站在林木占有者的立场上；等级国家的法律是为剥削阶级的利益服务的。——什么意思？资产阶级的法律理论，即黑格尔的法律理论，强调法律是理性的体现，法律代表全体人民的利益，要求人民服从法律理性，只要按照法律条文规定的去做，就可以实现自身的利益。但是事实上，法律并没有代表穷人的利益，只代表有产者的利益；当法律不利于有产者获得利益的时候，他们就通过改变法律的方式，使法律为他们获取利益服务。而穷苦农民如果按照法律规定的条文去做，就只能是饿死。

还有一个例子，即摩泽尔地区农民的贫困问题。事件是这样的：当时，摩泽尔地区的葡萄酒业主大量破产，致使当地大量种葡萄的农民陷入异常贫困之中。《莱茵报》记者撰文作了报道，描述了农民的悲惨处境。这引起当局不满，指责报道失实，污蔑政府。马克思奋起而战，收集了大量的资料，作了实地考察，撰写了《摩泽尔记者的辩护》，驳斥了当局的指责。马克思指出，不能认为摩泽尔沿岸地区的贫困状况与国家管理机构无关，这种贫困状况也是管理工作的贫困状况。资产阶级的国家理念即黑格尔的国家理念，强调国家是理性的体现，它保护全体人民的利益，要求人民服从国家管理，服从官吏，这样就可以实现自身的利益。但是事实上，国家不顾贫穷农民的利益，与其说国家是普遍利益的代表者，不如说是私人利益的工具。

综上，马克思接触的社会现实问题使他深刻认识到：按照黑格尔及资产阶级的理论，国家、法律等是普遍利益的代表，但实际上根本就不是那么一回事。国家、法律等与其说是普遍利益的代表，不如说是资产阶级的工具。黑格尔主张从国家、法律理念出发去解决现实问题，马克思在解决现实问题时却发现，从国家、法律等理性规定出发，根本不能解决农民的贫困问题。因此，不能从理念出发、不能从抽象的理性规定出发解决现实问题。这促使马克思转变了解决现实问题的思路。马克思发现，现实问题都与物质利益相关，所以对现实问题的解决办法要到现实的利益关系中、到经济关系中去寻找。而这些现实利益关系、经济关系，不是抽象的理论关系，而是处于现实实践活动中的关系。所以马克思从探讨人的本质出发，探讨如何从人的现实的活动，从生产实践中，去寻找现实问题的解决办法。

所以这一时期，马克思首先批判了黑格尔的法哲学，写了《黑格尔法哲学批判》，其后写了《〈黑格尔法哲学批判〉导言》《论犹太人问题》。在这些著作中，马克思提出了经济因素决定政治关系的重要思想，提出了家庭和市民社会决定国家而不是相反，私有财产决定政治国家而不是相反。这是非常重要的思想，它标志着马克思找到了解决问题的思维路径，即要从现实实践活动中形成的利益关系出发，从经济关系出发寻找解决劳动人民的解放问题。

二、《1844年经济学哲学手稿》："自由的有意识的活动"

在《1844年经济学哲学手稿》中，马克思提出，人的类本质是人的"自由的有意识的活动"，这是马克思关于人的认识的重大理论创新，是科学实践观创立的前提和基础，是马克思主义新世界观的"萌芽的萌芽"。

（一）感性活动：《1844年经济学哲学手稿》中马克思超越费尔巴哈之处

19世纪40年代，当时26岁的马克思流亡在巴黎，写下这批手稿，所以又称"巴黎手稿"。《1844年经济学哲学手稿》（简称"手稿"）是马克思在青年时代为总结自己的思想和弄清思考的问题而写的一个未完成的手稿。马克思想要搞清楚什么问题呢？就是探讨市民社会如何决定国家、经济利益关系如何决定法律等问题，也就是探讨如何从现实关系中寻找解决工人、农民贫困问题的方法。人们一般认为，手稿中最重要的概念是异化劳动和共产主义，而实际上手稿还有一个非常重要的范畴，即自由的有意识的活动。我们认为，这才是手稿中最重要的概念，它是新世界观的萌芽。

在《1844年经济学哲学手稿》及以前的著作中，马克思关于人的本质的思想深受费尔巴哈的影响，其高度赞同费尔巴哈。费尔巴哈认为，人与动物的本质区别在于人有"类意识"，而动物没有。所谓"类意识"，就是把自己的本质当作对象去认识和思考的意识。费尔巴哈认为："只有将自己的类、自己的本质性当作对象的那种生物，才具有最严格意义上的意识。动物固然将个体当作对象，因此它有自我感，但是，它不能将类当作对象，因此它没有那种由知识得名的意识。"[①]人能将类当作对象，具有"类意识"，但是动物不能。——他说的是什么意思？就是说，动物例如狗，有很多种，狼狗、哈巴狗、贵宾犬、吉娃娃等等，狗们就不能把这么多具体不同的狗的共同属性把握住，抽象出狗类的本质，狗们没有这个能力。只有人才有这样的能力。那么，人自己意识到的人的本质究竟是什么？费尔巴哈认为，"就是理性、意志、心"。理性、意志、心，就是人的类本质，就是人的最高的绝对的本质。[②]

---

① ［德］路德维希·费尔巴哈：《费尔巴哈哲学著作选集》下卷，荣震华、王太庆、刘磊译，北京：商务印书馆1984年版，第26页。

② ［德］路德维希·费尔巴哈：《费尔巴哈哲学著作选集》上卷，荣震华、李金山等译，北京：商务印书馆1984年版，第28页。

　　马克思也是从类本质出发来说明人的本质，但是对于类本质的具体理解，却完全不同于费尔巴哈。马克思认为，人的类本质是人的自由的有意识的活动："劳动这种生命活动、这种生产生活本身对人来说不过是满足一种需要即维持肉体生存的需要的一种手段。而生产生活就是类生活。这是产生生命的生活。一个种的整体特性、种的类特性就在于生命活动的性质，而自由的有意识的活动恰恰就是人的类特性。"[①]这个界定，是马克思的一个重大创新，是对人的本质认识的一个重大进步，是一个重大的理论成果。马克思抛弃了黑格尔那种从抽象概念、从绝对理念出发来探讨人的本质的思维方式，而是从现实的人出发；但同时，他没有像费尔巴哈那样仅仅局限在人的意识领域内，局限在人的感性存在上来理解人，而是从主客体关系上，突出强调主体作用于客体的活动、强调生产实践对于理解人的本质的重要意义："正是在改造对象世界的过程中，人才真正地证明自己是类存在物。这种生产是人的能动的类生活。通过这种生产，自然界才表现为他的作品和他的现实。因此，劳动的对象是人的类生活的对象化：人不仅像在意识中那样在精神上使自己二重化，而且能动地、现实地使自己二重化，从而在他所创造的世界中直观自身。"[②]实际上，

---

① 《马克思恩格斯文集》第一卷，北京：人民出版社2009年版，第162页。
② 《马克思恩格斯文集》第一卷，北京：人民出版社2009年版，第163页。

在这篇手稿中，马克思和费尔巴哈就已经分道扬镳。马克思当时还没有明确意识到这一点，因为他还高度肯定和赞扬费尔巴哈。

为什么说"感性活动"超越"感性存在"、马克思超越了费尔巴哈？回到我们讨论问题的前提和出发点。因为人作为动物，作为自然的、肉体的、感性的、对象性的存在物，先天具有吃、喝等本能欲求、生理需要，而"他的欲望的对象是作为不依赖于他的对象而存在于他之外的"①，满足需要的资料不在人自身，而在他身外的对象世界。所以，人为了活着，必须要不停地活动，不停地生产，改变自然界的直接存在状态，生产出人工产品，满足需要。人的生命依赖于人的活动而存在，人的活动方式与人的生命存在内在一体；人的活动是什么样的，人就是什么样的。相反，离开活动、离开生产的人是无法生存的，在现实生活中是不存在的。因此，离开人的活动、离开人的生产谈论的人，就是抽象的人。费尔巴哈离开感性活动，把人的本质规定为人的理性、意志和心，囿于感性存在，就是抽象的人本主义。

马克思对于"类本质"的论述在其早期思想的形成中具有极为重要的意义。正是由于在这一问题上所实现的突破和超越，才使得马克思最终离开了费尔巴哈，走向了历史唯物主义。

---

① 《马克思恩格斯文集》第一卷，北京：人民出版社2009年版，第209页。

（二）《1844年经济学哲学手稿》中马克思关于人的本质未展开之处

自由的有意识的活动是如何实现的？是在人们之间的社会关系中实现的。在手稿中，马克思谈到人的"自由的有意识的活动"的社会性："个体是社会存在物。因此，他的生命表现，即使不采取共同的、同他人一起完成的生命表现这种直接形式，也是社会生活的表现和确证。"[①]费尔巴哈虽然也强调人的社会性，认为"只有社会的人才是人"[②]，"只有许多人合在一起才构成了'人'，只有许多人合在一起才成了人所应当是的和能够是的，才像人所应当是的和能够是的那样"[③]，但是，马克思的社会性概念内涵根本不同于费尔巴哈。人的社会性活动是普遍性的，这种普遍性不仅体现在现实关系层面，而且体现在历史关系层面；不仅体现在横向的静止层面，而且体现在纵向的发展层面。费尔巴哈只看到了人的社会性的现实层面，而没有看到其历史普遍性层面。人的实践活动具有历史性，马克思在《1844年经济学哲学手稿》中明确提出："五官感觉的形成是迄今为止全部世界历史

---

① 《马克思恩格斯文集》第一卷，北京：人民出版社2009年版，第188页。

② ［德］路德维希·费尔巴哈：《费尔巴哈哲学著作选集》上卷，荣震华、李金山等译，北京：商务印书馆1984年版，第571页。

③ ［德］路德维希·费尔巴哈：《费尔巴哈哲学著作选集》下卷，荣震华、王太庆、刘磊译，北京：商务印书馆1984年版，第190—191页。

的产物。"①他已经明确表明人的活动的历史性，但是总体来说，这些思想在手稿中没有来得及全面展开。接下来，从1845年春天开始，马克思对此进行了全面研究。

三、《关于费尔巴哈的提纲》："一切社会关系的总和"

《1844年经济学哲学手稿》写于1844年6月至8月，《关于费尔巴哈的提纲》写于1845年春天，大约是4月至5月，相差8个月左右，在这期间，马克思的思想发生了翻天覆地的变化，这表现在马克思对费尔巴哈的评价来了一个180度的大转弯，由高度赞扬费尔巴哈到彻底批判费尔巴哈。

在《1844年经济学哲学手稿》及以前的著作中，马克思对费尔巴哈的评价相当高。在其后的《神圣家族》中也是这样的，这是一个非常引人注意的地方。在《1844年经济学哲学手稿》中，一开始马克思就说："从费尔巴哈起才开始了实证的人道主义的和自然主义的批判。费尔巴哈的著作越不被宣扬，这些著作的影响就越扎实、深刻、广泛和持久；费尔巴哈著作是继黑格尔的《现象学》和《逻辑学》之后包含着真正理论革命的唯一著作。"②后面还有："费尔巴哈是唯一对黑格尔辩证法采取严

---

① 《马克思恩格斯全集》第三卷，北京：人民出版社2002年版，第305页。
② 《马克思恩格斯全集》第三卷，北京：人民出版社2002年版，第220页。

肃的、批判的态度的人；只有他在这个领域内作出了真正的发现，总之，他真正克服了旧哲学。费尔巴哈成就的伟大以及他把这种成就贡献给世界时所表现的那种谦虚纯朴，同批判所持的相反的态度形成惊人的对照。"①费尔巴哈的伟大功绩在于（1）（2）（3），等等。

《1844年经济学哲学手稿》写于1844年6月至8月，此时，马克思还在充分肯定费尔巴哈，但是8个月之后，在《关于费尔巴哈的提纲》中，马克思对费尔巴哈的态度发生了180度大转弯，彻底地批判了费尔巴哈。为什么短短几个月内马克思对费尔巴哈的态度会发生这么大转变？一是，这是马克思本人思想的内在逻辑发展的结果。从马克思早期著作中体现的研究路径看，他从解决林木盗窃法问题等现实问题起，开始关注物质利益、现实经济关系，但因为这些利益关系都是实践中产生的、随着实践发展而变化的关系，所以马克思进一步关注人的现实活动特别是人的生产活动，一步一步从抽象到具体，所以，离开费尔巴哈是必然的事。二是，马克思受了其他思想家尤其是赫斯的影响。赫斯也是德国犹太人，也是一个共产主义者和理论家，马克思在写作《关于费尔巴哈的提纲》这段时间，赫斯的《行动的哲学》《论德国

①《马克思恩格斯全集》第三卷，北京：人民出版社2002年版，第314页。

的社会主义运动》和《晚近的哲学家》等著作对马克思的启发是很大的。赫斯批评费尔巴哈的哲学仍然囿于思想领域而没有走向实践，实际上仍然属于旧唯物主义。马克思接受了赫斯对费尔巴哈的这一评价，并深入思考自己的观点与费尔巴哈的根本区别。由此，马克思通过写作《关于费尔巴哈的提纲》，阐述了自己的新世界观思想，阐明了自己的新世界观与包括费尔巴哈在内的从前的一切唯物主义的根本区别。

在《关于费尔巴哈的提纲》中，关于人的本质的规定，马克思明确提出："人的本质不是单个人所固有的抽象物，在其现实性上，它是一切社会关系的总和。"[①] 如何理解"一切社会关系的总和"？它与手稿中提到的"自由的有意识的活动"是什么关系？事实上，"一切社会关系的总和"是"自由的有意识的活动"的具体化和现实展开。它表明，一方面，人的有意识有目的的活动、人的实践，从一开始就是社会实践，只有在现实的社会关系中才能实现。也就是说，离开了社会关系谈人的活动、谈实践，必然是抽象的空洞的。另一方面，人们的社会关系只有在人的一系列实践活动中才能形成，离开人的实践活动谈社会关系，必然流于形式，离开实践活动无所谓社会关系问题。

---

① 《马克思恩格斯文集》第一卷，北京：人民出版社2009年版，第501页。

怎样理解"一切社会关系的总和"？是不是就是指人的"社会性"？事实上，我们不能用一般的"社会性"概念代替"一切社会关系的总和"，也不能用简单的"分工合作"概念来理解。动物也有社会性。任何动物个体也是无法单个生活的，它至少要与另一个异性个体发生关系，才能保持物种的延续和存在。人的本质、人的实践活动的本质不在于动物式的社会性，而在于其历史性；有了历史性，才有了人的社会性。

首先，"一切社会关系的总和"表明了人的本质是一切现实关系的总和。如果用静态抽象分析的方法，"一切社会关系的总和"首先是指现实社会中同时代人之间的一切关系的总和，包括家庭关系、工作关系、阶级关系、民族关系以及经济关系、政治关系、道德关系、精神关系等，是包括人与自然、人与他人及社会、人与自身各个方面的一切关系。我们说过，人的对象是无限的，随着人的能力发展，人可以将任何事物都变成他的对象，建立起对象性关系。马克思在《1844年经济学哲学手稿》中就指出了这种普遍性："人的普遍性正是表现为这样的普遍性，它把整个自然界——首先作为人的直接的生活资料，其次作为人的生命活动的对象（材料）和工具——变成人的无机的身体。"① 物质世

---

① 《马克思恩格斯全集》第三卷，北京：人民出版社2002年版，第272页。

界是普遍联系、运动发展的。辩证唯物主义表明：一方面，世界上任何事物、现象和过程都不是孤立存在的，都与周围的其他事物、现象和过程发生这样或那样的联系；另一方面，世界上任何事物、现象和过程内部的各个要素、各个部分、各个环节之间也是相互联系、相互作用的，共同构成完整事物的存在和运动、变化。

这就决定了，在人的实践活动中，人在与某个具体的对象发生关系时，只要人认识到与这个对象相联系的其他对象及其关系，就必然会对此做出反应。因此，人在直接改造某一具体对象的同时，就创造出了人与其他对象，及至整个世界越来越广阔、越来越普遍的关系。正是在这个意义上，我们说人的社会关系具有现实普遍性。

但是，这种现实关系的普遍性是建立在人的实践活动的历史性基础之上的，没有历史关系的普遍性就没有现实关系的普遍性。

其次，"一切社会关系的总和"表明了人的本质是一切历史关系的总和。"一切社会关系的总和"表明了人的社会活动具有历史性，是历史上形成和传承下来的人的一切关系的总和，亦即一切社会关系的总和，是指世世代代的人类在历史发展过程中形成的由现时代人们继承下来的一切关系的总和，是人类世世代代实践活动创造、积累的成果的总和。也就是说，对"一切社会关系的总和"的理解，必须要提到实践活动的历史性层面。只有具有历史关系的普遍性，才能有真正的现实关系的普遍性。动物彼此之间也有社群关系，但是这种社群关系只有现实性，没有传承性，没有历史积累，因而这种关系只能成为个体的偶然的生物意义的关系，不具有普遍性。而正是因为人的活动具有历史性，人们之间的现实关系具有了传承性，才具有了真正的现实关系的普遍性。例如我们今天的婚姻家庭关系，今天的婚姻家庭关系是什么样的？是自古如此的吗？不是，它是人类社会早期，人们在规范两性关系的时候产生的，其后随着私有制的出现等社会条件的变化而不断发展。从古代的群婚家庭（即血缘家庭）及其后的族外婚（即普那路亚家庭），发展到对偶家庭，再发展到专偶家庭，最后才发展到今天的一夫一妻家庭，演变为今天的婚姻家庭关系。我们只有梳理婚姻家庭关系演变的历史，通过探讨推动婚姻家庭关系演变的内在动力，才能知道婚姻家庭关系的实质，以及我们今天的婚姻家庭关系何以如此。所以我们研究家庭，如果不知道它的历史，就不知道它何以是今天的样子，它的本质究竟是什么等问题。

因此，马克思在《关于费尔巴哈的提纲》中对费尔巴哈最要害、最根本的批判，就是说他"撇开历史的进程"，认为其

"（1）撇开历史的进程，把宗教感情固定为独立的东西，并假定出一种抽象的——孤立的——人的个体；（2）因此，本质只能被理解为'类'，理解为一种内在的、无声的、把许多个人自然地联系起来的普遍性"①。也就是说，在费尔巴哈的眼里，只有抽象的、孤立的人，因为费尔巴哈离开社会历史、离开生产实践活动来看人，而这样的人在现实生活中是不存在的。费尔巴哈把人看成不是随着历史进程而发展的抽象的人，因而他理解的社会关系是"一种内在的、无声的、把许多个人自然地联系起来的普遍性"②。什么叫"内在的、无声的"？就是离开实践活动、撇开满足人的需要的活动方式来谈人，离开沸腾的活生生的生产和生活，这样的人在现实中是不存在的，只有在人的头脑中存在。马克思强调，要在历史活动的进程中考察人，只有从历史的进程角度，立足于社会实践的发展，才能真正理解人的本质、人类社会的本质以及其他社会历史问题。

为什么人的活动具有历史性？我们前面讲过，人在实践活动中创造了概念，发明了语言文字，借助于概念、思维，运用语言文字等思维工具体系，将前一代人的实践经验记录下来，形成理论、知识、规则，传承给后代人，后代人总是在前人实

①《马克思恩格斯选集》第一卷，北京：人民出版社2012年版，第135页。
②《马克思恩格斯文集》第一卷，北京：人民出版社2009年版，第501页。

践的基础上创造；每一代人都不是从头做起，每一代人都是把前人实践的力量纳入自己的活动之中，壮大自己的实践能力。因此，实践尽管可以表现为单个人的个体活动，但是人总是凭借人类总体的力量去同对象发生关系。因此，从根本上讲，人的活动的普遍性、人的本质的普遍性来自人类实践历史发展的普遍性。"一切社会关系的总和"强调的就是人的活动的社会历史性，只有在社会历史实践中才能形成"一切社会关系的总和"。

四、《德意志意识形态》：物质生产实践

在《1844年经济学哲学手稿》中，马克思提出了要从人的活动、从生产角度考察人的本质；在《关于费尔巴哈的提纲》中，马克思进一步强调了要在"历史的进程"中考察人的本质，指出了人的活动的历史普遍性问题。由人的活动、人的实践往来接续构成的历史是如何发展的？

人的活动纷繁复杂，无限多样，这些活动是杂乱无章的吗？不是，人的活动是有规律、有秩序的。因为在人的纷繁复杂的活动中，有一种活动是基础性、本源性的活动，是决定其他一切活动的活动。这就是物质生产活动。

（一）人类社会的基础和前提：物质生产实践活动

马克思、恩格斯的伟大创新在于，从人的众多活动中提炼出物质生产活动，并把物质生产实践作为人类社会的物质基础。物质生产活动是人类社会最基本的实践活动，它决定人类社会的性质、面貌和发展趋势——这是历史唯物主义最基本的理论基础。马克思、恩格斯在《德意志意识形态》中指出："因此我们首先应当确定一切人类生存的第一个前提，也就是一切历史的第一个前提，这个前提就是：人们为了能够'创造历史'，必须能够生活。但是为了生活，首先就需要吃喝住穿以及其他一些东西。因此第一个历史活动就是生产满足这些需要的资料，即生产物质生活本身。而且，这是人们从几千年前直到今天单是为了维持生活就必须每日每时从事的历史活动，是一切历史的基本条件。"[1]后来，毛泽东进行了总结和概括，提出："人类的生产活动是最基本的实践活动，是决定其他一切活动的东西。"[2]物质生产是最根本的实践活动，它不仅是人类社会存在的物质基础，而且是制约社会的性质和面貌的决定性因素，是推动社会发展的根本动力。正如马克思强调的，物质生产活动的决定性作用和基础性地位，是由人的生活最简单的事实，由本能欲求、生理需要的客观必然

---

[1] 《马克思恩格斯文集》第一卷，北京：人民出版社2009年版，第531页。
[2] 《毛泽东选集》第一卷，北京：人民出版社1991年版，第282页。

性来确定的，是由满足人们吃穿住用行等物质生活资料的基础性
和决定性来确定的。

马克思、恩格斯的伟大贡献，就在于他们从人们纷繁复杂
的活动中提炼出物质生产活动，从人们纷繁复杂的关系中提炼出
生产关系，从而进一步分析了物质生产活动的内在矛盾，即生产
力与生产关系的矛盾。由此，马克思、恩格斯发现了生产力是人
类社会发展的根本性力量，生产力的内在矛盾使生产力处于不断
变化之中，当生产力发展到一定程度，就会与它的实现形式即生
产关系发生矛盾冲突，从而推动生产关系发生变革，随着生产关
系变革，经济基础及与之相适应的上层建筑也会或快或慢发生变
革。社会革命的时代就到来了。生产力与生产关系，经济基础与
上层建筑的矛盾运动推动人类社会向前发展。——这就是历史唯
物主义基本原理。就这样，马克思、恩格斯立足于科学实践观，
创立了历史唯物主义。

（二）马克思、恩格斯对费尔巴哈的批判

在马克思、恩格斯思想形成的过程中，费尔巴哈起着中介
作用。马克思借助费尔巴哈批判黑格尔，走向了唯物主义，又
通过批判费尔巴哈，确立了辩证唯物主义和历史唯物主义的新
世界观。在马克思主义形成过程中，费尔巴哈的理论是一个很

特殊的存在，可以说，马克思对费尔巴哈的态度表明了马克思思想成熟的程度。马克思新世界观的形成与他对费尔巴哈的批判密切相连。也就是说，马克思是在对费尔巴哈批判的过程中，成熟起来的。

这一时期，也就是1845年至1846年，在《德意志意识形态》中，马克思、恩格斯对费尔巴哈的批判真正达到了炉火纯青的程度。马克思深刻地指出，费尔巴哈不从主体、客体与实践"三者一体"的角度认识、理解和解决社会现实的问题，所以最终在历史观上陷入唯心主义。马克思、恩格斯在《德意志意识形态》中指出："诚然，费尔巴哈与'纯粹的'唯物主义者相比有很大的优点：他承认人也是'感性对象'。但是，他把人只看做是'感性对象'，而不是'感性活动'，因为他在这里也仍然停留在理论领域，没有从人们现有的社会联系，从那些使人们成为现在这种样子的周围生活条件来观察人们——这一点且不说，他还从来没有看到现实存在着的、活动的人，而是停留于抽象的'人'，并且仅仅限于在感情范围内承认'现实的、单个的、肉体的人'，也就是说，除了爱与友情，而且是理想化了的爱与友情以外，他不知道'人与人之间'还有什么其他的'人的关系'。他没有批判现在的爱的关系。可见，他从来没有把感性世界理解为构成这一世界的个人的全部活生生的感性活动，因而比方说，当他看到的是大批患瘰疬病的、积劳成疾的和患肺痨的穷苦人而不是健康人的时候，他便不得不求助于'最高的直观'和观念上的'类的平等化'，这就是说，正是在共产主义的唯物主义者看到改造工业和社会结构的必要性和条件的地方，他却重新陷入唯心主义。"[①]在这一大段批判中，首先，马克思、恩格斯指出了费尔巴哈"感性存在"的抽象性，他虽然肯定现实的人是历史的出发点，但是，费尔巴哈所理解的现实的人是离开社会历史实践的孤立的静止存在的人，是只在理论中或在头脑中存在的人。从抽象的人出发，费尔巴哈看不到人们之间的现实关系，看不到物质利益及物质生产实践对于人的根本性意义，对社会发展的根本性意义，因此，费尔巴哈解决不了任何社会现实问题。

马克思、恩格斯生活的那个时代，是工业革命推动资本主义生产方式普遍确立的时代。一方面资产阶级积累了大量的物质财富；另一方面是工人的赤贫，工人吃不上、穿不上，食不果腹，生活环境和卫生条件极差。工人阶级的贫困问题是当时社会最为严重的问题。有良知的知识分子纷纷提出解决这个社会问题的办法，费尔巴哈也不例外。但是费尔巴哈没有把社会的本质理解为感性活动，理解为物质生产实践，不是从改造现实的生产方式入

---

① 《马克思恩格斯文集》第一卷，北京：人民出版社2009年版，第530页。

手，而是从观念出发，从正义、平等、公正等道德观念入手，去寻找办法，最终诉诸道德，诉诸"类的平等化"——例如，认为资本家要讲道德，要减少对工人的剥削，这样工人的贫困问题就能得到解决。而这正是从观念出发解决现实问题的思维路径，就是黑格尔从理性规定出发解决现实问题的思路。当你问他"正义、平等、公正、民主"这些价值原则是从哪里来的？费尔巴哈就会重新陷入唯心主义。所以马克思说："当费尔巴哈是一个唯物主义者的时候，历史在他的视野之外；当他去探讨历史的时候，他不是一个唯物主义者。在他那里，唯物主义和历史是彼此完全脱离的。这一点从上面所说的看来已经非常明显了。"①

本章小结

实践是马克思主义理论体系的一个枢纽和轴心，是理解马克思主义理论体系的关键。在《〈黑格尔法哲学批判〉导言》《论犹太人问题》等著作中，马克思提出了经济因素决定政治关系的重要思想，强调要从现实关系出发、从经济关系出发去寻找解决劳动人民的解放问题，而这些现实关系、经济关系是处于人们的活动之中的、随着实践发展而不断变化的关系。在

---

① 《马克思恩格斯选集》第一卷，北京：人民出版社2012年版，第158页。

《1844年经济学哲学手稿》中，马克思进一步研究了人的活动的性质，提出人的本质是"自由的有意识的活动"，从人的存在与人的活动一体性出发，理解人的本质。在《关于费尔巴哈的提纲》中，马克思进一步把人的本质定义为"一切社会关系的总和"，从历史的角度，从现实关系的历史形成角度来理解人的活动，提出了人的活动、实践的历史性，阐明了实践的普遍性，从而创立了科学实践观。在《德意志意识形态》中，马克思、恩格斯进一步提出物质生产活动是人的一切实践活动的基础，是人类历史的决定性力量，从而创立了唯物史观。

第四章

客观实在性
——基于整体原则理解
马克思主义物质观

所谓"物质观"，就是马克思主义的世界观；所谓"世界观"，就是关于世界的本质的基本观点。也就是说，我们身外的这个对象世界，它的本质是什么？它是从哪里来的，要到哪里去？我们如何认识它？正如我们前面讲的，对对象世界的本质的认识和理解，要坚持主体、客体与实践"三者一体"的整体原则和方法。旧唯物主义和唯心主义不能从主体、客体与实践"三者一体"的角度去认识世界的本质，所以他们得不出关于世界的本质的正确认识。马克思主义立足于主体、客体与实践"三者一体"的整体原则，科学地阐明了世界的本质在于其物质性即客观实在性。

一、世界的本原：马克思主义的物质概念

（一）旧唯物主义与唯心主义关于世界本质的观点

关于世界的本原问题的讨论，最早始于古希腊早期。那时的思想家提出了各种各样的观点，归纳起来大致有两大类：其一是

唯物主义派别，其二是唯心主义派别。

唯物主义派别是从自然界本身来寻找世界的本原的，试图从纷繁复杂、变动不居的自然万物中概括出把它们统一起来的基础。这一时期人们刚刚开始进行哲学思考，还没有形成抽象层次较高的普遍性概念，因此他们只能用感性直观的东西来表示或者象征普遍的东西。例如，希腊早期著名的哲学家泰勒斯认为，水是世界的本原，世界万物由水而来，并由水构成。著名哲学家赫拉克利特认为，世界的本原是火，"这个万物自同的宇宙，既不是任何神，也不是任何人所创造的，它过去是、现在是、将来也是一团永恒的活生生的火，按照一定的分寸燃烧，按照一定的分寸熄灭"[①]。但是要注意的问题是，古希腊早期属于人类文明之初，这一时期的"物质"概念，并不同于现在的物质概念；那个时候作为世界的本原的"水"或者"火"，不同于现在人们理解的"水""火"。因为那时人们普遍坚持"万物有灵论"，相信万物有灵，灵魂不死。所以，那个时期的"水""火"等是有灵性的、是有灵魂的。古希腊后期的大思想家德谟克利特将前人的成果集大成，创造了古代朴素唯物主义的最高成就，即原子论。德谟克利特认为，原子和虚空是世界的本原，原子的直接含义

---

① 苗力田：《古希腊哲学》，北京：中国人民大学出版社1995年版，第37—38页。

是"不可分割的东西",原子不可分、不可入,且质量恒定;原子内部充实坚固,没有虚空,而虚空虽然空虚而稀薄,但同样是实在。不同的原子在虚空中运动,形成了万事万物。德谟克利特的原子论对后世影响很大。近代经验论鼻祖培根认为,感性的物理学是自然科学最重要的部分,原子论是物理学的基础。直到19世纪末,唯物主义原子论仍然是物理学等自然科学的理论基础。

但是,旧唯物主义把世界的本原归结为原子,归结为某种物质实体,归结为物质结构的某个层次,旧唯物主义离开主体,离开主体能动地改造客体的实践活动,单纯从客体角度认识世界的本质,不可能得出关于世界本质的正确回答。

而古希腊早期的唯心主义派别认为,世界是由神或者灵魂创造的,神或者灵魂是世界的本原。但要注意的是,古希腊早期人们所说的"神"与后来所说的"神"是不同的,与"上帝"概念是不相同的。"上帝"是一个非现实性、非对象性的存在,现实生活中是不存在的。但是在古希腊人的意识中,人与自然处于混沌统一状态,没有明确的主体与客体的区分和对立。所以,人与神是相通的,人神一体,神人相通,人有可能成为神仙,神仙也像人一样吃饭、穿衣、谈恋爱。这一时期的古希腊神话中的诸神都是这样的,是具有感性的存在。总体上来说,巴门尼德的存在论,以及苏格拉底的真知论、柏拉图的理念论、亚里士多德的实体论都属于唯心主义派别。唯心主义离开客体，离开主体改造客体的直接现实性活动，单纯从主体角度认识世界的本质，也不可能得出关于世界本质的正确回答。

马克思主义继承了旧唯物主义的基本思想，即世界的本质是物质。但是，马克思主义物质观与传统旧唯物主义的物质观有根本区别。马克思主义的物质概念与旧唯物主义的物质概念的根本区别表现在，旧唯物主义认为，世界的本原是原子，把物质概念归结为某种物质实体，归结为物质结构的某个层次即原子，而马克思主义物质概念超越了旧唯物主义以及以往全部理论。旧唯物主义离开主体、离开主体能动地改造客体的实践活动，单纯从客观角度认识对象世界的本质，把物质理解为某种物质实体；而马克思主义从主体、客体与实践"三者一体"的整体角度来认识世界的本质，来给物质概念下定义，把物质理解为客观实在。

（二）马克思主义的物质概念的提出及本质内涵

我们一般知道，我们现在所熟知的物质概念是由列宁下定义的。列宁在当时提出物质概念的科学定义，一方面是应时代发展要求，另一方面是对恩格斯的物质概念的细化和深化。

我们首先看恩格斯关于物质的定义。恩格斯在《自然辩证法》中对物质概念的规定是"物质无非是各种物的总和，而这个概念就是从这一总和中抽象出来的"，"我们就用这种简称把感官可感知的许多不同的事物依照其共同的属性概括起来"①。这个界定着重于物质概念的外延，但是跟列宁的物质概念的定义是一致的，即都是强调不能把物质等同于具体的实物，等同于物质实体本身，而是需要进一步抽象，需要对各种实物的共同属性进行概括，恩格斯没有指出共同属性是什么，而列宁明确指出是客观实在性。

列宁是怎样提出物质定义的？

19世纪末20世纪初，物理学界发生了一系列具有划时代意义的发明，那就是电子的发现、伦琴射线、放射性元素镭的发现等。电子的发现表明，原子是由质量更小的电子构成的，原子并不是物质结构的最小单位。电子的发现一下子引发了人们对传统观念的动摇，一些物理学家认为原子被取代了，所以物质消失了；物质消失了，所以物质概念被推翻了；物质概念被推翻了，所以唯物主义被驳倒了；唯物主义被驳倒了，所以物理学陷入严重危机了。针对这些言论，列宁在《唯物主义和经验批判主义》中深刻地揭示了所谓物质学危机的实质：物理学家们之所以认为物质消失了，是因为他们把物质归结为物质的某种结构即原子等

①《马克思恩格斯选集》第三卷，北京：人民出版社2012年版，第939页。

的传统观念，现在原子被电子取代，物质也就消失了。实际上，这表明我们的认识正在深化，那些从前认为是绝对的、不变的物质特性如不可分、不可入等等正在消失，现在表明它们仅是物质的某些状态所特有。物质并没有消失，电子仍然是物质的一种形态，消失的只是人们对物质认识的原有界限。

同时，列宁将哲学上的物质概念与物理学上的物质结构概念进行了区分，物理结构理论，是物理学对物质结构的一定层次的认识，而物质结构的任何层次都具有相对性，原子是由电子构成的，电子和原子一样，也是不可穷尽的。而哲学上的物质概念是抽象层次更高的物质概念，它不能归结为这种相对的具体的物质实体，而是对各种物质实体的共同属性的把握。列宁指出，承认某些不变的要素、承认物的不变的实质等等，是形而上学的唯物主义。而从马克思主义辩证唯物主义看来，"不变的只有一点，那就是：人的意识（在有人的意识的时候）反映着不依赖于它而存在和发展的外部世界"①。

由此，列宁在总结了20世纪初物理学危机的实质之后，明确指出哲学上的物质属性为"客观实在性"："物质是标志客观实在的哲学范畴，这种客观实在是人通过感觉感知的，它不

---

① 《列宁全集》第十八卷，北京：人民出版社2017年版，第275页。

依赖于我们的感觉而存在，为我们的感觉所复写、摄影、反映。"①"物质的唯一'特性'就是：它是客观实在，它存在于我们的意识之外"，物质是"不依赖于人的意识而存在并且为人的意识所反映的客观实在"。②也就是说，马克思主义物质概念包括两个基本点：1.物质具有客观实在性，不以人的意识为转移；2.物质及其规律能被人所认识。

恩格斯、列宁关于物质的定义表明，"物质"并非物质实体本身，对物质的界定和理解，不能单纯局限于物质世界本身，必须要与主体的意识、感觉、认识，与主体改造物质世界的实践活动联系起来。由此，物质是不依赖于人的意识而存在并且为人的意识所反映的客观实在。离开主体的意识、感觉、认识，离开主体改造物质世界的实践活动，局限于对象世界本身，就不能深刻地认识、理解和把握"物质"的本质特性即客观实在性。

为什么对对象世界本质的认识和理解不能局限于物质世界自身，不能离开主体的意识、思维，不能离开主体改造客体的实践活动？因为离开人的意识，也就无所谓世界的本质问题；离开人的思维，也就无所谓"存在"。在动物的眼里，就无所谓"存在"，因为它们跟"存在"是浑然一体的。动物没有思维，没有

① 《列宁选集》第二卷，北京：人民出版社2012年版，第89页。
② 《列宁选集》第二卷，北京：人民出版社2012年版，第192页。

主客体关系，没有所谓的存在，没有把"存在"作为对象来思考，也就谈不上"存在"的问题。只有有了实践，有了人的意识、思维，有了主客体的分离和对立，有了对象，"存在"才是存在的；没有思维，"存在"不存在。所以对存在问题的思考，对世界本原问题的认识离不开人的意识、思维。所以列宁强调，世界的本质是物质，物质是不依赖于人的意识并能被人的意识所反映的客观实在。

总之，在关于世界的本质的回答上，唯心主义单纯从主体角度，认为世界的本质是精神，旧唯物主义单纯从客体角度，认为世界的本质是物质即原子；而马克思主义从主体、客体与实践"三者一体"的整体角度，认为世界的本质是物质即客观实在。

二、关于世界的认识：认识活动及其辩证规律

我们确定了世界的本质是什么，接下来的问题是这个世界能否被人认识，又是如何被人认识的。世界的本原是什么，是思维还是存在？——这属于本体论问题。而在肯定了世界的本原是什么的前提下，回答关于我们的思维能不能认识现实世界等问题，就是属于认识论问题。这就是本体论和认识论，很显然，它们回答的是两个不同的问题。对世界本原问题的回答不同，对思想与存在同一性问题的回答也就不同。如果认为思维是世界的本原，

那么，认识就是精神自己认识自己的过程——这就是唯心主义认识论。如果认为存在是世界的本原，那么认识就是人对外部世界的反映——这是唯物主义的认识论。当然，除了认为思维与存在具有同一性、世界可知论之外，还有不可知论。马克思主义强调，只有从主体、客体与实践"三者一体"的整体角度，才能科学地解决认识论的问题。

（一）旧唯物主义、唯心主义与马克思主义关于认识论基本问题的回答

在古代，例如西方哲学从其诞生时刻起，即从古希腊哲学早期起，探讨的主要问题是世界的本原问题，即本体论问题。正如我们前面谈到的，无论是唯心主义还是旧唯物主义都没有正确解决世界的本原是什么。唯心主义认为，世界的本原是某种精神，而旧唯物主义认为是认为世界的本原是物质结构的某个层次，即原子。这表明，唯心主义单纯从主体角度、旧唯物主义单纯从客体角度，最终都无法正确地解决世界的本质问题，所以唯心主义和旧唯物主义一直争论不休，彼此谁也说服不了谁。这种争论必然延伸到认识论。因为对世界本原的认识，如果离开主体、客体与实践"三者一体"的关系，离开主体，那么则是无法正确认识的。

文艺复兴之后，西方哲学本体论争论发展为认识论问题的争论，这主要是因为，近代以来，自然科学迅猛发展，人的主体性和认识能力突出地显现出来，于是认识论成为理论研究的重点问题。唯物主义与唯心主义的争论表现为经验论与唯理论的争论。恩格斯在《社会主义从空想到科学的发展》中讲到经验论，讲经验论为什么天然具有唯物主义性质，讲得特别透彻："英国唯物主义的真正始祖是培根。在他看来，自然哲学才是真正的哲学，而以感性经验为基础的物理学则是自然哲学的最重要的部分。提出种子说的阿那克萨哥拉和提出原子论的德谟克利特，都常常被他当做权威来引证。按照他的学说，感觉是确实可靠的，是一切知识的源泉。科学都是以经验为基础的，科学就在于把理性的研究方法运用于感官所提供的材料。归纳、分析、比较、观察和实验是理性方法的主要形式。在物质固有的特性中，第一个特性而且是最重要的特性是运动，它不仅表现为物质的机械的和数学的运动，而且主要表现为物质的冲动、活力、张力，或者用雅科布·伯麦的话来说，是物质的'痛苦'。"[1]经验论天然具有唯物主义性质，但是，在旧唯物主义关于物质范畴认识的框架下，经验论必然陷入唯心主义，或者

---

① 《马克思恩格斯文集》第三卷，北京：人民出版社2009年版，第502—503页。

陷入自身无法解决的困境。而唯理论从概念、精神出发，把认识理解为精神自我认识自我的过程，属于唯心主义认识论，最终也陷入了自身无法解决的困境。

总之，近代以来，经验论和唯理论两派的观点是针锋相对的，但是因为唯心主义单纯从主体角度、旧唯物主义单纯从客体角度去解决认识论的基本问题，所以二者不但谁也说服不了谁，而且各自陷入理论困境。

经验论和唯理论争论的焦点问题，是认识论的基本问题：

1.关于认识来源：经验论认为人的认识来源于感觉经验，知识必须要建立在感觉经验的基础之上；唯理论认为，人的认识来源于天赋观念，知识必须建立在理性的基础之上。

2.关于真理性认识是如何形成的：经验论认为知识的真理性来自它能够与感性对象相符合，而唯理论认为真理不证自明。

3.关于认识方法：经验论坚持归纳法，唯理论坚持演绎法。

经验论和唯理论的这种争论，到18—19世纪，随着自然科学的迅猛发展，走到了尽头，各自遇到了自身无法解决的困境。

从经验论来看，经验论遇到的困境，比较典型的如休谟难题：对"因果性"认识的怀疑。休谟是英国经验主义哲学家，他认为，从我们的感性经验看，太阳每天从东方升起从西方落下，但是这并不能证明明天依旧如此；因为明天的一切我现在并没有经历，我怎么知道明天太阳是否一定从东方升起、从西方落下。也就是说，他怀疑的不是昨天的"太阳从东方升起、从西方落下"这个客观事实，怀疑的是明天。因为经验论强调知识来源于感觉经验，而感觉经验都是过去的或者是现在正在形成的经验。明天人们还没有经历，所以没有关于明天的经验。既然如此，那么"太阳从东方升起、从西方落下"就不是一个普遍性的命题，这表明由经验得不出普遍性的知识。普遍性的知识来自何处呢？经验论无法解决这个问题，陷入困境。——为什么无法解释这个问题就陷入困境？例如，"太阳每天从东方升起从西方落下"这个认识，如果不具有普遍性的话，我们就无法推论出明天的太阳会是怎么样的，也就无法预知明天的情况，所以也就无法安排明天的工作，这是很严重的问题。

唯理论从抽象的理论、一般理念出发来解释现实世界。他们认为，知识先天就具有普遍性和绝对性，即知识的普遍性是不证自明的。但是他们无法具体解释这些一般性理论、普遍性的知识来源于何处？古代的时候，他们说普遍性的知识来自上帝，在当时科学还较为落后的情况下还能说得通。但是，到了近代，随着自然科学的迅猛发展，自然界的真相不断被科学发现所揭示，例如，1543 年哥白尼发表的《天体运行论》以无可辩驳的事实证明，地球不是宇宙中心，太阳才是宇宙中心。"地球是宇宙的中心"这个上帝赋予人类的、自古以来就具有普遍性的知识，遭到人们普遍质疑，越来越不具有说服力，唯理论陷入困境。

综上可见，使经验论和唯理论陷入困境的是什么问题？就是普遍性的知识来源于何处的问题。——经验论囿于感觉经验，没有解决普遍性的知识来自何处的问题，认为普遍性的知识来源于感觉经验，但是正如休谟所提出的，不存在明天的感觉经验，所以知识也就不具有普遍性。唯理论单纯从主体角度，认为普遍性的知识来自上帝，是人先天就具有的天赋观念，但是这些天赋观念又来自哪里？唯理论无法解决这个问题。无论经验论还是唯理论，他们都没有从主体、客体与实践"三者一体"整体原则角度，从主体改造客体的实践中，去思考知识的普遍性问题，所以他们都得不出正确的结论。

马克思主义关于认识论的基本观点是实践的观点。实践的观点是马克思主义认识论首要的和基本的观点。列宁指出："生活、实践的观点，应该是认识论的首要的和基本的观点。这种观点必然会导致唯物主义。"[①]毛泽东指出："实践的观点是辩证唯物论的认识论之第一的和基本的观点。"[②]普遍性的知识来源于人类

① 《列宁选集》第二卷，北京：人民出版社2012年版，第103页。
② 《毛泽东选集》第一卷，北京：人民出版社1991年版，第284页。

总体性社会实践。实践是认识的来源，是认识的发展动力和最终目的，也是检验认识真理性的标准。马克思主义立足于科学实践观，科学地解决了认识的来源、本质、发展动力及检验认识真理性的标准等一系列认识论的基本问题。

第一，实践是认识的来源。实践活动是人的对象化活动，是主观见之于客观的活动，正是在实践中，人的感官同事物、同现象相接触，在变革事物的过程中，客体对象的属性、规律、结构、关系等属性才得以充分显露，并反映到人的头脑中，被人感知，形成直接经验。所以，如果离开主体改造客观的实践、不与对象建立现实的主客体的关系，人们就无法获得关于对象的知识。所以，实践是认识的唯一来源，理论来源于实践。

第二，实践是认识发展的动力。恩格斯说："社会一旦有技术上的需要，这种需要就会比十所大学更能把科学推向前进。"①实践的需要推动认识的产生和发展，推动科学发现和技术发明。

第三，实践是认识的目的。人们探索自然、认识客观事物的最终目的，不是单纯因为好奇心，归根结底，是为实践服务的，也就是为满足人的现实需要服务的。

第四，实践是检验认识正确与否、检验认识真理性的唯一标

---

① 《马克思恩格斯选集》第四卷，北京：人民出版社2012年版，第648页。

准。马克思指出："人的思维是否具有客观的真理性，这不是一个理论的问题，而是一个实践的问题。"[①]毛泽东指出："判定认识或理论之是否真理，不是依主观上觉得如何而定，而是依客观上社会实践的结果如何而定。真理的标准只能是社会的实践。"[②]随着实践的发展，人们关于世界的认识不断深入，不断被实践验证，成为具有普遍性意义的客观真理。

（二）认识的本质：马克思主义能动反映论

在认识论中，存在着两条根本对立的思想路线，列宁指出："从物到感觉和思想呢，还是从思想和感觉到物？恩格斯坚持第一条路线，即唯物主义路线。马赫坚持第二条路线，即唯心主义路线。"[③]一个是唯物主义路线，一个是唯心主义路线。唯物主义认识论坚持"从物到感觉和思想"的认识路线，认为物质世界是离开人的意识独立存在的，认识是物质世界在人的头脑中的反映。这就是唯物主义反映论。唯心主义认识论坚持"从思想和感觉到物"的认识路线，认为物质世界是精神的产物，认识是先验的观念或理性，或者是人的头脑中固有的，或者是

---

① 《马克思恩格斯文集》第一卷，北京：人民出版社2009年版，第500页。
② 《毛泽东选集》第一卷，北京：人民出版社1991年版，第284页。
③ 《列宁专题文集·论辩证唯物主义和历史唯物主义》，北京：人民出版社2009年版，第6页。

绝对精神自我认识的过程。此外，还有一种不可知论，认为只有人的感觉是确定可知的，认识是自在之物作用于人的感官的表象，也就是说，认识是对事物表面联系和外在性质的认识，而"自在之物"自身无法认识。

马克思主义反对唯心主义认识论，坚持唯物主义反映论，认为世界是可以认识的。但是，马克思主义反映论不同于旧唯物主义。旧唯物主义是直观的反映论，马克思主义是在改造了旧唯物主义认识论的基础上创立了能动的反映论。

旧唯物主义的反映论是一种直观的反映论，是一次性完成的。什么叫直观？就是看到啥就是个啥，如同照镜子，镜子里看到什么，事物本身就是什么，也就是把认识看成主体消极、被动地接受外界刺激的过程，而且这个过程是一次完成的过程。旧唯物主义认识论的根本缺陷，就在于离开主体、离开主体改造客体的实践，离开社会历史性实践来谈认识问题，所以旧唯物主义不能科学解释认识成果或理性知识的普遍性问题。例如，两点之间直线最短等公理，比如公平、正义、孝顺等价值原则，比如对称、音律等美的形式，这些都是人们普遍认可的价值，它们的普遍性来自哪里？旧唯物主义无法解释清楚，或者陷入唯心主义阵营。所以，本体论上坚持唯物主义，不意味着认识论上也是唯物主义。

旧唯物主义认识论为什么有这样的缺陷？马克思深刻地指出："从前的一切唯物主义（包括费尔巴哈的唯物主义）的主要缺点是：对对象、现实、感性，只是从客体的或者直观的形式去理解，而不是把它们当做感性的人的活动，当做实践去理解，不是从主体方面去理解。"[①]也就是说，第一，旧唯物主义离开人的实践考察认识问题，由此，认识的主体是生物学意义上的人，是不从事社会实践活动的人；认识的客体是人们静观的对象。主客体之间的反映与被反映的关系，就如同人照镜子关系。第二，正因为旧唯物主义不从实践、不从主体角度来考察认识，所以也就离开了辩证法来考察认识问题，把认识理解为照一次镜子就完事的过程，认为认识过程是一次性完成的。没有看到在实践活动中，随着实践的发展变化而不断发展变化的主客体之间的矛盾和相互作用关系及结果。旧唯物主义离开实践、离开人的自觉能动性，不理解认识对社会实践的依赖性，因而无法理解认识的辩证性质，不能把认识看成一个不断发展的过程，而把复杂的认识过程简单化了。

马克思、恩格斯立足于主体改造客体的社会实践，科学地解决了认识的来源和本质问题，创立了革命的、辩证的能动反映

---

① 《马克思恩格斯文集》第一卷，北京：人民出版社2009年版，第499页。

论，强调认识是主体在实践基础上对客体的能动的反映。能动反映有两个基本特性：

第一，反映具有摹写性，其内容具有客观性。认识是以客观事物为原型、模板的，认识的内容是客观的。也就是说，人的认识不论表现形式多么主观、抽象，但是认识归根结底是对客观事物的反映，在思维中再现的是事物的本质属性和客观规律。

第二，认识具有能动创造性。认识过程绝不是主体对客体的简单摹写，不是照镜子式的原物映现，而是主体根据自身需要对对象的主动选择和观念再造。认识的过程是借助一定中介体系（工具系统）接近客观事物而实现的，在认识过程中，不仅有关于对象信息的接受，而且更重要的是，主体根据自身的需要，借助概念、运用语言文字和辩证思维方法，对这些信息进行选择、重组、整合和建构，在观念中加工、改造客体对象，在思维中再现客体对象，在头脑中达到对对象本质的认识。因此，随着生产力的不断发展，随着认识工具的不断改进，人的认识不断深化；认识永远是接近客观事物，而不能与客观事物完全重合的。

马克思主义立足于主体、客体与实践"三者一体"的整体原则，强调人的认识是随着实践发展而不断深化的辩证过程，普遍性的知识来自人类的普遍性实践，在社会实践中产生，又在社会实践中得到验证。

从主体角度，人有能力认识事物的本质，因为人拥有人特有的思维工具和认识能力。人们在变革事物的实践中，收集感性材料，运用概念、判断、推理等思维形式，借助分析与综合、归纳与演绎、比较与分类、抽象与概括等思维方法，以及概念、范畴及语言文字等符号工具来认识事物，概念、文字等具有概括性、间接性，能跨越时空传递信息，这样人们不仅能够认识事物的个别属性和表象，而且能透过个别、表象认识事物的本质和规律。

从实践角度，普遍性的知识来自人类的总体性实践。我们说，唯心主义也是从主体的能动性角度来谈认识论问题的。例如黑格尔等唯心主义哲学家，在研究自我意识、绝对精神自我运动的过程中，深入研究了概念、范畴及判断、推理等思维工具和思维能力，以及分析与综合、归纳与演绎等一系列思维方法，取得了了不起的成绩。但是，正如马克思在《关于费尔巴哈的提纲》第一条中指出的："和唯物主义相反，唯心主义却把能动的方面抽象地发展了。"[①]为什么说唯心主义把能动的方面抽象地发展了呢？因为唯心主义认为人之所以能认识事物，是因为人先天具有辩证思维能力、认知图式、认知模式等，可以

---

① 《马克思恩格斯文集》第一卷，北京：人民出版社2009年版，第499页。

对经验材料进行加工、整理。但是当你问他，这些概念、判断、推理等思维工具、思维能力和思维方法等是从哪里来的？唯心主义认为，它们是人先天就具有的，或者是上帝赐予人类的。而马克思主义强调它们不是人先天具有的，而是在人类世世代代的实践中创造的，又经过亿万次实践反复验证才获得了公理的性质。正如列宁所说："人的实践活动必须亿万次地使人的意识去重复不同的逻辑的式，以便这些式能够获得公理的意义。"[①] "人的实践经过亿万次的重复，在人的意识中以逻辑的式固定下来。这些式正是（而且只是）由于亿万次的重复才有着先入之见的巩固性和公理的性质。"[②] 逻辑式以及其他的人的思维能力及工具即概念、范畴及语言文字等符号体系是在人类总体性社会实践中创造的，源于人们实际生产和生活的交往需要——我们在下文，在谈到普遍性价值是如何从人类总体性实践中产生的时，再详细介绍。

（三）认识的辩证过程及规律

辩证唯物主义认识论认为，认识不是一次性完成的，而是随着实践活动的不断深入、不断发展而不断深化的辩证发展过程。

---

① 《列宁全集》第五十五卷，北京：人民出版社2017年版，第160页。
② 《列宁全集》第五十五卷，北京：人民出版社2017年版，第186页。

认识是一个由不知到知、从不完全不确切的"知"到比较完全比较确切的"知"的发展过程。

1. 第一次飞跃：从实践到认识（从感性认识到理性认识）

感性认识是人们在实践中通过自己的感觉器官对外部世界的直接反映，是关于对象的表面现象和外部联系等的认识。感性认识包括感觉、知觉、表象等形式。理性认识则是借助人的抽象思维，在概括整理感性材料的基础上，达到对事物的本质及内部联系的认识。理性认识包括概念、判断和推理等形式。感性认识和理性认识之间是辩证统一的关系，这表现在感性认识是理性认识的基础，理论认识是感性认识的升华。感性认识上升到理性认识的条件：一是获取尽可能多的感性材料，这是基础；二是经过去粗取精、去伪存真、由此及彼、由表及里的加工。

2. 第二次飞跃：从认识到实践（从理性认识再到实践）

认识的第一个阶段，人们通过对感性材料进行整理、加工，得到一个理性认识成果，形成一般性概念、一般性理论。——这样认识过程就结束了吗？当然不是的。认识的成果是否符合客观事物的本质规律，还必须经过一个理性认识再到实践的过程，即经历第二次飞跃的过程。毛泽东指出："即由精神到物质的阶段，由思想到存在的阶段，这就是把第一个阶段得到的认识放到社会实践中去，看这些理论、政策、计划、办法等等是否能得到预期的成功。一般的说来，成功了的就是正确的，失败了的就是错误的。"①同时，在理论指导实践的过程中，在新的实践中，人们接触到新事物、形成新材料，认识到对象的更多方面和更深层次，在此基础上进一步丰富原来的理论。毛泽东强调了第二次飞跃的重要意义。人们的认识经过实践的考验，又会产生一个飞跃。这次飞跃，比起前一次飞跃来，意义更加伟大。因为只有这一次飞跃，才能证明认识的第一次飞跃，即从客观外界的反映过程中得到的思想、理论、政策、计划、办法等等，究竟是正确的还是错误的，此外再无别的检验真理的办法。

3.辩证认识的发展规律

从感性到理性、再从理性到实践，这是认识的一个具体周期。那么人的认识经过这一个周期就完成了吗？不是的。因为物质世界是无限的，人们对物质世界的认识和改造也是无限的，随着人类实践的不断深入，人的认识也不断深化。毛泽东在《人的正确思想是从哪里来的？》中指出："一个正确的认识，往往需要经过由物质到精神，由精神到物质，即由实践到认识，由认识到实践这样多次的反复，才能够完成。这就是马克思主义的认识论，就是辩证唯物论的认识论。"②毛泽东在《实践

---

① 《毛泽东文集》第八卷，北京：人民出版社1999年版，第320页。
② 《毛泽东文集》第八卷，北京：人民出版社1999年版，第321页。

论》中指出："实践、认识、再实践、再认识，这种形式，循环往复以至无穷，而实践和认识之每一循环的内容，都比较地进到了高一级的程度。这就是辩证唯物论的全部认识论。"①这表明：人的认识过程既不是封闭式的循环，也不是直线式的前进，而是螺旋式上升的过程，每一次的循环都会使人类的认识提高。

（四）能动的反映论对不可知论的驳斥

不可知论的代表是休谟和康德，他们的主要观点是：我们所能知道的只能以我们自己的感觉为限，感觉之外的物自体世界是不可知的。马克思、恩格斯、列宁等经典作家立足于主体、客体与实践"三者一体"整体原则，立足于科学实践观，抓住了不可知论的要害，进行了最为深刻、彻底的批判。

恩格斯在《费尔巴哈和德国古典哲学的终结》中的批判堪称经典：对"一切哲学上的怪论的最令人信服的驳斥是实践，即实验和工业。既然我们自己能够制造出某一自然过程，按照它的条件把它生产出来，并使它为我们的目的服务，从而证明我们对这一过程的理解是正确的，那么康德的不可捉摸的'自在之物'就完结了。动植物体内所产生的化学物质，在有机化学开始把它们

---

① 《毛泽东选集》第一卷，北京：人民出版社1991年版，第296—297页。

——制造出来以前，一直是这种'自在之物'；一旦把它们制造出来，'自在之物'就变成为我之物了，例如茜草的色素——茜素，我们已经不再从田地里的茜草根中取得，而是用便宜得多、简单得多的方法从煤焦油里提炼出来了。"①

列宁接着恩格斯的话，深化了恩格斯的观点，并进一步强调了马克思主义认识论的基本观点。列宁在《唯物主义和经验批判主义》中对不可知论的批判同样是经典：

昨天我们不知道煤焦油里有茜素，今天我们知道了。试问，昨天煤焦油里有没有茜素？

当然有。对这点表示任何怀疑，就是嘲弄现代自然科学。

既然这样，那么由此就可以得出三个重要的认识论的结论：

（1）物是不依赖于我们的意识，不依赖于我们的感觉而在我们之外存在着的。因为，茜素昨天就存在于煤焦油中，这是无可怀疑的；同样，我们昨天关于这个存在还一无所知，我们还没有从这茜素方面得到任何感觉，这也是无可怀疑的。

（2）在现象和自在之物之间决没有而且也不可能有任何

---

① 《马克思恩格斯文集》第四卷，北京：人民出版社2009年版，第279页。

原则的差别。差别仅仅存在于已经认识的东西和尚未认识的东西之间。所谓二者之间有着特殊界限，所谓自在之物在现象的"彼岸"（康德），或者说可以而且应该用一种哲学屏障把我们同关于某一部分尚未认识但存在于我们之外的世界的问题隔离开来（休谟），——所有这些哲学的臆说都是废话、怪论（Schrulle）、狡辩、捏造。

（3）在认识论上和在科学的其他一切领域中一样，我们应该辩证地思考，也就是说，不要以为我们的认识是一成不变的，而要去分析怎样从不知到知，怎样从不完全的不确切的知到比较完全比较确切的知识。[①]

恩格斯、列宁对不可知论的批判表明：人的认识随着实践的发展而不断深入；随着实践的深入，人的认识的深化，以前不可知的也就变成可知的了，不可知论也就完结了。

三、世界的物质统一性：自然界、人类社会及人自身的物质性

关于世界的物质统一性问题，如果不从主体、客体与实践

[①]《列宁专题文集·论辩证唯物主义和历史唯物主义》，北京：人民出版社2009年版，第23—24页。

"三者一体"的整体角度来认识和理解，不立足于科学实践观，那么则是一个不能理解的问题。

世界的真正统一性在于它的物质性，这是马克思主义哲学关于世界统一性问题的科学回答。

这里有两个问题我们需要弄清楚。第一个问题：什么是"世界"？世界是人作为主体所面对的对象世界，这个对象世界包括自然界、人类社会和人自身。第二个问题："世界的真正的统一性在于它的物质性"，怎么理解这个"物质性"？物质与物质性是什么关系？一般来说，"自然界或者宇宙"及人自身是物质的，具有物质性，还好理解；但是说人类社会是物质的，具有物质性，如何理解？

这里涉及对物质及物质性概念的深入理解。我们前面讲过：物质是客观实在，而"物质性"就是"客观实在性"。注意！这个"物质"不是抽象存在的笼统的空洞概念，是指包括物质内在矛盾及其属性、规律、结构、功能、辩证发展过程等在内的一个整体。所以，对物质性即客观实在性的理解，必须要全面包括物质自身的属性、规律、结构、功能及其辩证发展过程等的物质性即客观实在性。例如，金银，物质不是指那个抽象、空洞存在的金银概念，而是包括金银的密度、硬度、组成成分等内在属性及其运动变化、发展规律在内的"金银"整体；只有同时包括这些内在属性和规律，物质才能成为一个具体的活生生的现实存在，才不是抽象的笼统的空洞概念。再如人类社会，不仅包括自然地理环境、人口等物质实体，还内在地包括人类社会的运动、变化和发展规律，即物质生产实践活动的运动、变化和发展及其规律。

基于上述这些分析，我们再来分析世界的物质性问题。世界包括自然界、人类社会和人自身。自然界、宇宙的物质性，这个很好理解。自然界是物质，指的是运动着的物质，是处于普遍联系、永恒发展之中的物质，因而是现实的物质，这些物质不依赖于我们的意识而存在，具有物质性。现代自然科学早就以无可辩驳的事实证明，从宏观宇宙到微观粒子都是运动着的物质，具有不以人的意志为转移的客观物质性。这个好理解。

我们主要分析一下人类社会和人自身的物质性，这些需要我们立足于主体、客体与实践"三者一体"的整体原则来准确理解。

（一）人类社会的物质性即历史发展的客观性

什么是社会？社会存在是社会生活的物质方面，主要包括自然地理环境、人口、物质生产方式三个方面。而在三者中，自然地理环境、人口作为物质实体要素，是人类社会存在的前提和物质基础，没有这两个方面，也就无所谓人类社会。但是，人类社会的物质性不仅仅体现在自然地理环境和人口的客观实在性，而且根本上体现在物质生产方式的客体实在性。为什么呢？因为根据我们前面讲的，对人类社会的本质的认识和理解，不能局限于自然地理环境和人口本身，而应该从人类社会的活动方式及其属性和规律角度，从物质生产实践角度去认识和理解。物质生产活动是人类社会存在的物质基础和条件，物质生产实践决定社会的性质、面貌和发展趋势。

1.物质生产实践是人类社会存在和发展的物质基础和根本条件

物质生产实践是决定其他一切实践活动的活动，是人类社会存在的前提和基础。人的实践活动有很多种，如经济活动、政治活动、文化活动、艺术创造等等，其中决定其他一切活动、规定社会性质和面貌的活动是什么？是经济活动，即物质资料的生产活动。为什么物质资料的生产活动是决定其他一切活动的活动？对这个问题的回答，要回到我们讨论问题的前提和出发点。

人作为有生命的肉体存在，先天具有本能欲求、生理需要，但是满足需要的资料却不在人自身，而在他身外的对象世界。人为了活着就需要不停地活动，不停地劳动，以便从对象世界获取营养物质。人满足需要的活动方式不同于动物，动物与自然一体，自然界有什么就直接消费什么；人则不满足于自然界提供的现成产品，而是通过劳动创造的方式，生产自然界所没有的人工产品来满足需要。因此，生产满足人的吃、穿、住、用、行等物质生活资料的物质生产实践就是人类生存和发展的最基本的实践活动。没有人口和自然地理环境因素，就没有物质生产活动，也就没有人类社会；但是，如果只有人口和自然地理环境两个因素，而没有生产实践活动，那么人类社会也是不能存在的。正是人的本能欲求、生理需要的客观性决定了物质生产活动的客观性，而物质生产的客观性又决定了历史发展的客观性。

本能欲求、生理需要是人和动物都具有的自然需要，又称为生物学需要、原发性需要，是个体维持生存、延续种族等的相关需要。对于动物来说，本能欲求、生理需要就是其生命的全部。人不同于动物，人的需要具有自觉性、社会性、多样性等特点，除了本能欲求、生理需要，人还有爱和归属的需要、尊重的需要、自我实现的需要、艺术创造和欣赏的需要等等。在人的各种需要中，本能欲求、生理需要是最基本的、最重要的、最有力量的和最为迫切的要求，必须首先给以满足，否则其他更高级的需要就会无从谈起。人的精神需要、尊重的需要、自我价值实现的需要、艺术欣赏的需要等等，尽管看起来远离物质，远离人的本能欲求、生理需要，但是从根本上说，它们都是为了使人的本能欲求、生理需要的满足更舒适、更丰富、更完善、更自由。例如，艺术创造好像离人的生产实践很远，但艺术创造的实质表现为人们对现实生活限制人的自由实现的不满足，因而超越现实的局限性而对理想生活的向往和追求。艺术构建的理想世界，是人们改造现实世界的参照。例如，首届进口博览会展示了一款会飞的汽车，它的外形像"大黄蜂"，就是电影《变形金刚》中的人物。现实中的汽车都是不能飞、不能游的，但是人们很向往未来的汽车可以像飞机一样在天上飞翔，像游船一样在水里游。当年艺术家们在创造"大黄蜂"这个艺术形象的时候，可能就是出于这样一种理想，但基于当时的科技水平还不能变成现实。今天，当科学技术发展达到一定水平，能够提供技术支持的时候，这些美丽的艺术构想，就会变成现实。因此，归根结底，艺术创造是为了使我们的物质生活更舒适、更完善、更自由。

获得充足的食物和饮用水，比其他诸如获得尊重、享受艺术、潜能发挥等等都更为切实而重要。春秋时期，辅佐齐桓公成为第一霸主的管仲的名言"仓廪实而知礼节，衣食足则知荣辱"（《管子·牧民》）表明，人只有吃饱喝足之后，才能谈得上其他的更高级的需要及其满足。晋代诗人陶渊明辞官归田后，写了大量浪漫主义的田园诗，"问君何能尔，心远地自偏""采菊东篱下，悠然见南山"，体现了一种超然脱俗、唯美浪漫的情怀。陶渊明为什么能写出这样唯美浪漫的诗句？因为他的家庭有物质基础："方宅十余亩，草屋八九间。榆柳荫后檐，桃李罗堂前。"那时候诗人还年轻，可以"晨兴理荒秽，带月荷锄归"，从事农业生产活动。但是诗人54岁时，家里发生了一场变故，发生了大火灾，家财全部被烧光，他身体又非常不好，不能劳动干活，于是生计日渐窘迫，陷入困顿。陶渊明有一首诗《怨诗楚调示庞主簿邓治中》："夏日长抱饥，寒夜无被眠。造夕思鸡鸣，及晨愿乌迁。在己何怨天，离忧凄目前。吁嗟身后名，于我若浮烟。"这表明，人到了饥寒交迫的地步，艺术、名誉等等就如同与自己没有关系一样，统统都无法顾及。以上例子深刻地说明：人的本能欲求、生理需要及其满足的先在性和客观性，决定了物质生产实践为什么是人类社会存在的前提和基础，表明物质生产方式为什么是推动人类社会发展的根本动力。

总之，马克思、恩格斯找到了人类社会历史的物质基础，那就是生产满足人们自然需要的物质生产实践。自然需要的客观必然性，决定了物质生产实践的客观必然性。而在人的一切活动中，物质生产实践是根本的实践形式，是具有基础性、始源意义的活动，是决定其他一切活动的活动。物质生产实践是人类社会存在的基础，而且是制约社会的性质和面貌的决定性因素。马克思指出："任何一个民族，如果停止劳动，不用说一年，就是几个星期，也要灭亡，这是每一个小孩都知道的。"①恩格斯谈到马克思的伟大贡献时，深刻地指出："历史破天荒第一次被置于它的真正基础上；一个很明显的而以前完全被人忽略的事实，即人们首先必须吃、喝、住、穿，就是说首先必须劳动，然后才能争取统治，从事政治、宗教和哲学等等，——这一很明显的事实在历史上的应有之义此时终于获得了承认。"②恩格斯在《在马克思墓前的讲话》中指出："正像达尔文发现有机界的发展规律一样，马克思发现了人类历史的发展规律，即历来为繁芜丛杂的意识形态所掩盖着的一个简单事实：人们首先必须吃、喝、住、穿，然后才能从事政治、科学、艺术、宗教等等；所以，直接的物质的生活资料的生产，从而一个民族或一个时代的一定的经济发展阶段，便构成为基础，人们的国家设施、法的观点、艺术以至宗教观念，就是从这个基础上发展起来的，因而，也必须由这个基础来解释，而不是像过去那样做得相反。"③恩格斯所讲的马克思的贡献，就是历史唯物主义最基本的原理。

物质生产实践是人类社会存在的根本基础和条件，是推动人类社会不断发展的根本动力。那么，物质生产实践是如何推动

---

① 《马克思恩格斯文集》第十卷，北京：人民出版社2009年版，第289页。
② 《马克思恩格斯选集》第三卷，北京：人民出版社2012年版，第723页。
③ 《马克思恩格斯文集》第三卷，北京：人民出版社2009年版，第601页。

人类社会不断向前发展的呢？这就需要进一步探讨物质生产实践的内在矛盾。物质生产实践的内在矛盾是生产力和生产关系及其对立统一。唯物辩证法强调，事物运动、变化、发展的根本动力是事物内部的矛盾，事物内部的矛盾既对立又统一，推动事物向前发展。由此，马克思、恩格斯进一步探讨了物质生产实践的内部矛盾，研究了生产力和生产关系、经济基础和上层建筑的对立统一关系，阐明了人类社会的基本矛盾是如何推动人类社会发展的，揭示了人类社会发展的一般规律。

2.唯物史观及基本原理经典概括

在如何认识社会历史的本质及其发展规律问题上，理论界存在两种根本对立的观点，即唯心史观和唯物史观。

一切唯心主义都把人的意识、精神看成历史发展的本质和最终动力。主观唯心主义认为，历史是由少数所谓英雄人物、帝王将相的主观思想动机决定的。例如，德国哲学家尼采，提出"超人哲学"，认为一个英雄人物可以使千万年的历史生色，一个伟大的完全的人胜过无数个鸡毛蒜皮的人。客观唯心主义把社会历史看成是由独立于人的意识之外的某种神秘力量决定的，例如，中国古人认为，历史发展是天命决定的，皇帝是天子，要听命于老天爷，老天爷会降祥瑞以资鼓励，会降灾难以示惩罚。而西方哲学家如黑格尔，则把人类历史看成"绝对理念""世界理性"

或"宇宙理性"自我外化的结果，任何重要历史事件都是"世界理性"安排好的。黑格尔客观唯心主义承认历史的规律性、必然性，认为历史人物的动机不是历史事变的最终原因，应该寻找这些动机后面的动力。但是，黑格尔认为这个背后的动力是宇宙理性。所以恩格斯评价黑格尔"他是第一个想证明历史中有一种发展、有一种内在联系的人"[1]，但是，黑格尔不在历史本身中寻找这种动力，反而从外面，从哲学的意识形态上把这种动力输入历史。也就是说，黑格尔不是从社会实践而是从哲学上寻找历史发展的动力。

旧唯物主义的历史观本质上也是唯心主义的，恩格斯说："旧唯物主义在历史领域内自己背叛了自己，因为它认为在历史领域中起作用的精神的动力是最终原因，而不去研究隐藏在这些动力后面的是什么，这些动力的动力是什么。"[2]为什么旧唯物主义在历史领域内背叛了自己？因为他们不理解实践的科学内涵，他们把实践仅仅看成人的吃、喝、拉、撒、睡等生理活动，或者是个体的谋利活动，认为实践是个体的、偶然的、零散的、分散的，没有看到实践活动的社会历史性和普遍性，因而他们也就无法认清历史的本质。旧唯物主义不理解实践的科学内涵，所以只

---

① 《马克思恩格斯文集》第二卷，北京：人民出版社2009年版，第602页。
② 《马克思恩格斯文集》第四卷，北京：人民出版社2009年版，第303页。

能把历史的发展归之于某种理性力量。例如，费尔巴哈，当他谈到社会观、历史观问题的时候，就不得不回到人的理性，从理性出发去解决现实问题。例如在回答如何解决工人贫困问题时，他不得不诉诸道德理性，认为人们之间生而平等，资本家违背了理性平等原则，指责资本家不讲道德，造成了工人的贫困。所以，马克思说费尔巴哈在历史观上重新陷入唯心主义。

因此，马克思主义以前的历史观归根结底都是唯心主义历史观。从根本原因上看，就是因为没有看到物质生产实践的基础性和根本决定作用，没有彻底贯彻唯物主义。正如列宁指出："发现唯物主义历史观，或者更确切地说，把唯物主义贯彻和推广运用于社会现象领域，消除了以往的历史理论的两个主要缺点。第一，以往的历史理论至多只是考察了人们历史活动的思想动机，而没有研究产生这些动机的原因，没有探索社会关系体系发展的客观规律性，没有把物质生产的发展程度看作这些关系的根源；第二，以往的理论从来忽视居民群众的活动，只有历史唯物主义才第一次使我们能以自然科学的精确性去研究群众生活的社会条件以及这些条件的变更。"①以往的历史观都是唯心主义的，根本原因有两点：一是没有看到物质生产发展是最终的根源，二是没

_____

① 《列宁选集》第二卷，北京：人民出版社2012年版，第425页。

有看到人民群众的力量。

总之，马克思主义强调，历史是人的活动，但是这些活动不是杂乱无章的，而是由物质生产活动决定的，物质生产活动决定社会的性质、面貌和发展趋势，物质生产活动的内在矛盾即生产力和生产关系的矛盾运动推动人类社会不断向前发展。所以，对人类社会本质和规律的认识，要坚持列宁概括的"两个归结"原则："只有把社会关系归结于生产关系，把生产关系归结于生产力的水平，才能有可靠的根据把社会形态的发展看做自然历史过程。"①

1859年，马克思在《〈政治经济学批判〉序言》中对历史唯物主义的基本原理进行了经典表述："人们在自己生活的社会生产中发生一定的、必然的、不以他们的意志为转移的关系，即同他们的物质生产力的一定发展阶段相适合的生产关系。这些生产关系的总和构成社会的经济结构，即有法律的和政治的上层建筑竖立其上并有一定的社会意识形式与之相适应的现实基础。物质生活的生产方式制约着整个社会生活、政治生活和精神生活的过程。不是人们的意识决定人们的存在，相反，是人们的社会存在决定人们的意识。社会的物质生产力发展到一定阶段，便同它们

---

① 《列宁专题文集·论辩证唯物主义和历史唯物主义》，北京：人民出版社2009年版，第161页。

一直在其中运动的现存生产关系或财产关系（这只是生产关系的法律用语）发生矛盾。于是这些关系便由生产力的发展形式变成生产力的桎梏。那时社会革命的时代就到来了。随着经济基础的变更，全部庞大的上层建筑也或慢或快地发生变革。在考察这些变革时，必须时刻把下面两者区别开来：一种是生产的经济条件方面所发生的物质的、可以用自然科学的精确性指明的变革，一种是人们借以意识到这个冲突并力求把它克服的那些法律的、政治的、宗教的、艺术的或哲学的，简言之，意识形态的形式。我们判断一个人不能以他对自己的看法为根据，同样，我们判断这样一个变革时代也不能以它的意识为根据，相反，这个意识必须从物质生活的矛盾中，从社会生产力和生产关系之间的现存冲突中去解释。无论哪一个社会形态，在它所能容纳的全部生产力发挥出来以前，是决不会灭亡的；而新的更高的生产关系，在它的物质存在条件在旧社会的胎胞里成熟以前，是决不会出现的。所以人类始终只提出自己能够解决的任务，因为只要仔细考察就可以发现，任务本身，只有在解决它的物质条件已经存在或者至少是在生成过程中的时候，才会产生。大体说来，亚细亚的、古希腊罗马的、封建的和现代资产阶级的生产方式可以看做是经济的社会形态演进的几个时代。资产阶级的生产关系是社会生产过程的最后一个对抗形式，这里所说的对抗，不是指个人的对抗，而是指从个人的社会生活条件中生长出来的对抗；但是，在资产阶级社会的胎胞里发展的生产力，同时又创造着解决这种对抗的物质条件。因此，人类社会的史前时期就以这种社会形态而告终。"①

历史唯物主义基本原理强调，社会基本矛盾即生产力与生产关系、经济基础与上层建筑的矛盾运动是推动人类社会向前发展的动力。其中生产力与生产关系辩证统一体即物质生产方式及其变革是人类社会发展的根本力量。在生产方式中，生产力决定生产关系，是人类社会发展的最终决定力量。

3.物质生产方式：生产力和生产关系辩证统一

什么是物质生产方式？它是指人们为获取物质生活资料而进行的生产活动的方式，是生产力与生产关系的统一体。在物质生产方式中，生产力与生产关系的辩证关系是：生产力是内容，而生产关系是形式，内容必须要通过形式来实现，而形式离开内容也不存在。所以生产力与生产关系互为中介，二者既对立又统一，构成了统一体，推动人类社会发展。生产力决定生产关系，决定物质生产方式，因而生产力是人类社会发展的最终决定力量。

---

① 《马克思恩格斯文集》第二卷，北京：人民出版社2009年版，第591—592页。

　　什么是生产力？生产力是人类在社会实践中形成的利用和改造自然的能力，是体现人们在什么样的程度上解决人与自然矛盾的一种物质力量。生产力就是人的一种能力，就是人利用自然、改造自然来满足自己需要的一种能力。这种能力不是人先天就具有的，而是人们在世世代代实践活动中，一点一点创造、积累而形成的。

　　生产力的内在结构，即生产力包括哪些内容？生产力包括的最基本要素是生产资料和劳动者，而生产资料又分为劳动资料（工具）、劳动对象。

　　劳动者是人，但并不是所有的人都是劳动者。婴儿、年迈老人、病人等干不了活的人，不是劳动者。劳动者是指有一定知识和生产技能并实际地从事生产活动的人。

　　劳动对象就是需要加工、改造的对象，一切自然物都可能是劳动对象，但只有引入生产之中的部分才称为劳动对象。

　　劳动资料指的是人们劳动的手段、工具、途径、方式方法，就是在生产劳动过程中，需要和运用的物质手段或条件、工具等。马克思指出："劳动资料是劳动者置于自己和劳动对象之间、用来把自己的活动传导到劳动对象上去的物或物的综合体。劳动者利用物的机械的、物理的和化学的属性，以便把这些物当作发挥力量的手段，依照自己的目的作用于其他的物。劳动者直接掌握的东西，不是劳动对象，而是劳动资料（这里不谈采集果实之类的现成的生活资料，在这种场合，劳动者身体的器官是惟一的劳动资料）。"[1]在生产资料中，最重要的是生产工具。生产工具是衡量生产力发展的标尺。马克思指出："劳动资料不仅是人类劳动力发展的测量器，而且是劳动借以进行的社会关系的指示器。"[2]真正的人类的诞生是从制造和使用工具开始的，人的劳动也是从制造和使用工具开始的。也就是说，劳动是人们运用工具、运用劳动资料的活动，因而人不是像动物那样直接面对自然对象，而是凭借中介工具体系认识和改造自然。

劳动资料在生产力中具有重要地位。劳动者和劳动对象相对来说都是固定的，劳动者改造劳动对象的水平和能力取决于劳动资料的质量和数量。

生产资料中是不是仅仅只包括土地和实物工具体系呢？不是的。生产力中还包括非实体性的生产要素，如信息、科学技术、管理、分工协作等等。马克思提出了广义的劳动资料概念。广义的劳动资料，包括劳动过程正常进行所需要的一切物质条件，如土地、厂房、道路、灯光等，马克思指出："广义地说，除了那些把劳动的作用传达到劳动对象、因而以这种或那种方式充当活

---

[1]《马克思恩格斯全集》第四十四卷，北京：人民出版社2001年版，第209页。
[2]《马克思恩格斯文集》第五卷，北京：人民出版社2009年版，第210页。

动的传导体的物以外，劳动过程的进行所需要的一切物质条件也都算作劳动过程的资料。它们不直接加入劳动过程，但是没有它们，劳动过程就不能进行，或者只能不完全地进行。土地本身又是这类一般的劳动资料，因为它给劳动者提供立足之地，给他的劳动过程提供活动场所。这类劳动资料中有的已经经过劳动的改造，例如厂房、运河、道路等等。"①也就是说，劳动过程所需要的一切物质条件，都属于劳动资料。

因此，生产力除了包括土地和实物工具体系之外，还包括其他的非实体性要素，如信息、科学技术、管理、分工协作等等。马克思强调，生产力的要素是随着人类社会实践的发展而不断变化的，并指出："就劳动过程只是人和自然之间的单纯过程来说，劳动过程的简单要素是这个过程的一切社会发展形式所共有的。但劳动过程的每个一定的历史形式，都会进一步发展这个过程的物质基础和社会形式。"②也就是说，生产力三要素是一切社会形态都共有的，但是随着实践的发展，三要素在具体实现过程中，会有新的要素加入。例如，在原始社会，生产实践活动是比较简单的，谈不上科学技术、管理等的作用。但是近代以来，自然科学迅猛发展，科学技术、管理、分工协作等要素在生产中的

---

① 《马克思恩格斯全集》第四十四卷，北京：人民出版社2001年版，第211页。
② 《马克思恩格斯选集》第二卷，北京：人民出版社2012年版，第654页。

地位和作用日益提高。当今互联网时代，数字化信息在生产中的引领、推动作用日益显现，大数据正在成为新型生产资料，给人类的生产生活带来根本改变。

这里，我们主要介绍一下信息和科学技术。

信息不同于科学技术等其他非实体性要素，科学技术、管理等生产要素不是人类劳动一开始就有的，而是人类生产力有了一定发展之后形成的，而信息是人类劳动一开始就必须具有的内在条件，是实践成功的必要条件。实践是人类自觉的有目的的活动，人们必须要根据对对象及周围环境的相关信息的把握，才能获得实践活动的成功。

什么是信息？信息是主体对客体的反映结果，"包括人们对客观世界（包括自然界、人类社会和人自身）的一切反映结果，是人们的感觉、知觉、记忆、表象、思维等一切意识形式的活动结果，它借助于语言、文字、符号、代码以及声音、表情、气味、行为、情绪情感等来表达，通过一定的物质载体或能量载体来传递，表现为信号、消息、知识等等"[①]。信息对人的实践成功至关重要。因为人的实践活动是自觉的有目的有计划的活动，在实践活动中，人们总是根据对对象及周围环境等相关信息的全面

----

①　张建云：《互联网时代大数据的本质分析——基于马克思主义视角》，《兰州学刊》2020年第8期。

把握，来进行具体改造对象的活动。人们对实践所需要的相关信息掌握越全面、越深刻、越准确，就越容易获得成功，否则越容易失败。因此，信息作为人类实践活动的内在必然条件，是人的劳动、实践一开始就具有的最基本的物质条件之一。

其实，信息对人的重要性，是从信息对动物的重要性中直接进化而来的。例如，生活在森林中的一个长尾猴群，一只长尾猴发现了蛇，会发出第一种叫声，其他猴子就后腿直立并审视地面；当它发现豹子时，会发出第二种叫声，其他猴子就迅速爬上高细树枝；当它发现老鹰在天空盘旋时，会发出第三种叫声，其他猴子就窜入密林，藏身起来。三种叫声就是三种信息，猴子们正是凭借这三种信息迅速作出反应来保证自己安全的。信息对动物重要，对人更是如此。没有关于外界的信息，任何动物和人都无法感知自己是否安全，是否能获得食物等。

一个人获得的信息是极为有限的，为了获得更全面、更准确的信息，人们之间需要交流。古代社会，人们将内含信息的符号、图画、文字等刻画或书写在甲骨、竹片等上面来传递和交流信息；造纸术发明之后，纸成为传递和交流信息的媒介，极大提高了效率，但没有摆脱信息传递和交流的当下性。电发明以后，人们以电为媒介传递和交流信息，实现了信息即时传递和交流。在当今大数据互联网时代，借助于大数据、移动互联网、物联网、区块链、人工智能等新技术，人类的信息传递可以即时即地、方便快捷且成本极低，从而极大地提高生产效率，推动生产力实现质的飞跃。

理论知识是信息最主要的内容。在古代社会信息知识是分散的、经验性的，到了近代社会则表现为系统化的科学理论、知识等；到18、19世纪，物理学、化学、生物学、天文学等各门科学日益相互贯通，应用于生产并极大促进了社会生产的发展，科学技术成为生产力中最重要的要素。马克思指出，科学力量是"另一种不费资本分文的生产力"[①]；现代财富的创造"取决于科学的一般水平和技术进步，或者说取决于这种科学在生产上的应用"[②]。后来，邓小平发展了马克思的这一思想，进一步概括为"科学技术是第一生产力"[③]的科学论断。那么，今天代表生产力发展的科学技术是什么呢？是大数据、移动互联网、物联网、云计算、区块链、人工智能等技术相互融合、相互支持而形成的数字技术体系，这是当今时代推动新质生产力发展的核心力量。它给人类社会带来深刻的变革，人类社会生产方式、生活方式正在发生前所未有的转变。

---

① 《马克思恩格斯全集》第三十一卷，北京：人民出版社1998年版，第168页。
② 《马克思恩格斯全集》第三十一卷，北京：人民出版社1998年版，第100页。
③ 《邓小平文选》第三卷，北京：人民出版社1993年版，第274页。

　　什么是生产关系？物质生产以何种形式进行？单个人是无法进行社会生产的，为了能够更好地进行物质生产，人们需要联合起来，需要合作，需要结成一定的生产协作关系，这就是生产关系。生产关系是人们在物质生产过程中所形成的不以人的意志为转移的经济关系。马克思说："为了进行生产，人们相互之间便发生一定的联系和关系；只有在这种社会联系和社会关系的范围内，才会有他们对自然界的影响，才会有生产。"[①]在《1857—1858年经济学手稿》中，马克思指出："人们的生活自古以来就建立在生产上面，建立在这种或那种社会生产上面，这种社会生产的关系，我们恰恰就称之为经济关系。"[②]

　　生产力是人类社会发展的最终决定力量，生产关系是生产力的实现形式。社会一定发展阶段的生产力所决定的生产关系总和，构成经济基础；在一定经济基础之上的意识形态以及制度、设施和组织等，构成上层建筑，上层建筑对经济发展、社会发展起引导、协调作用。

　　4.生产力是人类社会发展的最终决定力量

　　人类社会是多种矛盾的统一体。但是，在这些矛盾中，有一种矛盾是基本的起决定作用的矛盾，这就是社会基本矛盾。社会

────────────

① 《马克思恩格斯选集》第一卷，北京：人民出版社2012年版，第340页。
② 《马克思恩格斯文集》第八卷，北京：人民出版社2009年版，第139页。

基本矛盾就是指贯穿在社会发展过程始终、决定社会发展的性质和规律、对社会发展起根本的推动作用的矛盾——这就是生产力与生产关系、经济基础与上层建筑之间的矛盾。这两对矛盾囊括了社会生活的基本领域，构成了社会的基本结构，决定社会形态的性质、面貌和发展趋势，是推动人类社会向前发展的根本力量。

在生产力与生产关系、经济基础与上层建筑这两对矛盾中，生产力与生产关系的矛盾是更为基本的、起决定作用的矛盾。在生产力与生产关系的矛盾中，生产力是内容，是矛盾的主要方面，而生产关系是形式，是矛盾的次要方面。因此生产方式的发展归根结底是由生产力的发展变化而推动的。生产力是人类社会发展的最终决定力量。

那么，生产力为什么不断向前发展？这是由生产力的内在矛盾推动的。推动生产力向前发展的内在矛盾是什么？

生产力的内在矛盾是人对需要满足的追求与自然界的直接存在不能满足人的需要的矛盾。如何理解生产力的内在矛盾？这要再次回到我们讨论问题的前提和出发点。人作为有生命的肉体存在，先天具有吃、喝等本能欲求、生理需要，而满足需要的资料在他身外的对象世界，所以人必须要不停地活动，从自然界获得营养物质。人不同于动物，动物与自然界直接同一，通过直接占有的方式满足需要，而人不满足于自然界现成的产品，而是通过自身的劳动改造自然，生产出自然界所没有的人工产品满足需要，于是就形成了人对满足需要的追求与自然界的现成产品不能满足需要之间的矛盾。这个矛盾不断产生，不断得到解决，推动了生产力的发展。

需要是如何推动生产力发展的？也就是说，当人生产出人工产品满足本能欲求、生理需要之后，人的吃喝满足了，是不是就没有什么别的需要了，人类的生产也就停留于此了呢？——不是的。马克思指出："已经得到满足的第一个需要本身、满足需要的活动和已经获得的为满足需要而用的工具又引起新的需要。而这种新的需要的产生是第一个历史活动。"①例如，苹果（吃饱）→苹果罐头（一年四季吃饱）→玻璃瓶、瓶盖等（新的需要）——可以设想一下，人类的祖先最早吃野生的苹果，秋天苹果成熟了，人们吃得很饱，但到春天青黄不接的时候就会饿得要死，于是人们不满足于野生苹果，决定要生产苹果罐头，一年四季都能吃饱。人们为了一年四季都能吃饱，要生产苹果罐头，而为了生产苹果罐头，就要首先生产玻璃瓶、瓶盖等工具，这就是新的需要。而为了生产玻璃瓶和瓶盖，就需要有生产玻璃瓶和瓶盖的工具，例如冶炼设备和金属加工设备等等，这又是新的需要。而为了有冶

---

① 《马克思恩格斯文集》第一卷，北京：人民出版社2009年版，第531—532页。

炼设备和金属加工设备又需要有别的工具。——这样，在人的需要的不断推动下，人的生产能力也不断提高。

人不同于动物，人的生产能力有无限发展的可能性。因为人的劳动是使用工具的活动，工具除了包括实物工具，还包括重要的概念、语言、文字等思维工具。借助概念、运用语言文字，一方面，人类总是把自己实践中所积累的经验教训记录下来，形成理论、知识，传递给后代人，后代人总是在前人实践创造积累的全部成果的基础上，进行新的创造。每一代人都不是从头开始，每一代人都把前人创造的本质力量纳入自己的实践，壮大自己的实践力量。另一方面，借助概念、运用语言文字，人们通过占有和享受劳动成果，在人化自然中直观自身，从而创造了一个动物所没有的理想的精神文化世界。人们在精神文化世界中构建现实世界中没有的新的观念图式或新方案，引导人类在现实世界中不断创新和发展。因此，人的生产能力就不断提高，新需要不断得到满足，人们也就不断提出更新的需要。

总之，人对满足需要的追求与自然界的现成产品不能满足需要形成矛盾，但人又有能力不断满足需要，于是这个矛盾不断产生，又不断得到解决，推动了生产力的发展。生产力的这种向前发展的趋势是客观的，不以人的意志为转移。

生产力具有客观物质性。也就是说，生产力的发展是不以人的意志为转移的客观过程。这表现在两个方面：一方面，人与自然的矛盾关系是客观的永恒存在的，即人对需要满足的追求与自然界的直接存在不能满足人的需要的矛盾是客观的永恒存在的；另一方面，生产力的客观物质性还表现为生产力对于具体时代和个人来说，是不受他们任意支配的界限、前提和条件。也就是说，对于具体时代和个人来说，他们所面对的生产力是不以他们的意志为转移的客观实在。这就是说，前人创造的生产力达到一个什么程度，后代人就是在什么程度上进行新的创造。后代人得到一个什么水平的生产力，这不是他们所能选择的，前人留下什么样的生产力，它就是什么样。因此，我们说，生产力的发展是一个不以具体的时代和个人的意志为转移的客观过程，人们总是在前人留下的生产力基础上进行新的创造。马克思指出，现实的人，"他们受自己的生产力和与之相适应的交往的一定发展——直到交往的最遥远的形态——所制约"①，因而"是在一定的物质的、不受他们任意支配的界限、前提和条件下活动着的"②。例如，古人用镰刀、铁锤不可能制造出飞机、大炮的。实际上，这就是社会历史发展的客观性根据之所在。

_____

① 《马克思恩格斯文集》第一卷，北京：人民出版社2009年版，第524—525页。
② 《马克思恩格斯文集》第一卷，北京：人民出版社2009年版，第524页。

立足整体：准确把握马克思主义理论体系

　　马克思1846年12月28日给帕维尔·瓦西里耶维奇·安年科夫的信中论述过人们不能自由选择生产力。他说："人们不能自由选择自己的生产力——这是他们的全部历史的基础，因为任何生产力都是一种既得的力量，是以往的活动的产物。可见，生产力是人们应用能力的结果，但是这种能力本身决定于人们所处的条件，决定于先前已经获得的生产力，决定于在他们以前已经存在、不是由他们创立而是由前一代人创立的社会形式。后来的每一代人都得到前一代人已经取得的生产力并当做原料来为自己新的生产服务，由于这一简单的事实，就形成人们的历史中的联系，就形成人类的历史，这个历史随着人们的生产力以及人们的社会关系的愈益发展而愈益成为人类的历史。"①在这里，"由于这一简单的事实，就形成人们的历史中的联系，就形成人类的历史"——这句话意义深远，它表明，人类历史的核心内容或者主线是什么——是生产力的不断创造积累和传承发展。

　　生产力的客观性决定了人类历史是一个不以具体时代和个人的意志为转移的客观的自然过程。这是人类历史的唯物性的客观依据和根本体现。

---

　　① 《马克思恩格斯文集》第十卷，北京：人民出版社2009年版，第43页。

生产力的客观物质性决定了在生产力与生产关系的矛盾运动中，生产力决定生产关系。

首先，生产力决定生产关系的性质，有什么样的生产力就有什么样的生产关系。马克思说："手推磨产生的是封建主的社会，蒸汽磨产生的是工业资本家的社会。"①手推磨、蒸汽磨作为生产工具，是生产力发展的标尺，它们决定了封建社会和资本主义社会形态的性质。当代社会呢？当今社会是以大数据、互联网、物联网、区块链及云计算、人工智能等技术相互融合、相互促进而形成的数字技术体系为引领和推动的新质生产力发展，产生的必是人民群众的社会主义社会。

其次，生产力的变革决定生产关系的变化。生产力的内在矛盾即人对满足需要的追求与自然界的现成产品不能满足需要所形成的矛盾，这个矛盾不断产生又不断得到解决，推动生产力不断处于发展变化之中。随着生产力的发展变化，原本适合生产力发展的生产关系便由新变旧，由适应变得不适应，当生产关系不适应生产力发展的要求时，人们就要变革旧的生产关系，建立新的生产关系，以适应新的生产力发展要求。

生产关系对生产力具有能动的反作用，主要表现：当生产关

① 《马克思恩格斯文集》第一卷，北京：人民出版社2009年版，第602页。

系适应生产力发展要求时，就促进生产力发展；当生产关系不适应生产力发展的客观要求时，就阻碍生产力的发展。相对生产力常常处于发展变化来说，生产关系一旦形成后，是相对不变的，生产关系也就是限制生产力发展的可能范围，这就是二者冲突的种子，当生产力发展达到一定的程度，这个潜在的矛盾就变成现实，那时生产关系就必须要变革了。

当生产力发展要求突破原来旧生产关系时，生产关系发生变革，物质生产方式就会发生根本改变，整个社会经济基础变化了，全部上层建筑也相应变革。经济基础和上层建筑既对立又统一，推动社会形态由低级向高级不断发展，表现为原始社会、奴隶社会、封建社会、资本主义社会、社会主义社会向共产主义社会不断演进的历史过程。

综上，我们讨论了人类社会的物质性和历史的物质性。下面，我们根据主体、客体与实践"三者一体"的整体方法，来分析一下，如何理解人自身的物质性问题。

（二）关于人自身的物质性

人自身是物质性存在，表现为人的有机体及其根本属性和发展变化规律。我们说，人的有机体及其根本属性包括两个大方面：一是本能欲求、生理需要以及为满足本能欲求、生理需要而进化出的运动机能和感觉机能，二是满足需要的手段和方式。人的肉体及本能欲求、生理需要是客观的，是不以人的意志为转移的客观存在。人体的机能即运动机能、感觉机能的客观性也好理解，运动、感觉是从生物有机体的感应性发展而来的，作为人体的机能，本身就是客观存在的。列宁指出："心理的东西、意识等等是物质（即物理的东西）的最高产物，是叫作人脑的这样一块特别复杂的物质的机能。"①同时，人满足本能欲求、生理需要的手段和方式也是客观的，不以人的意志为转移。本能欲求、生理需要的客观性，决定了人必须要通过自身的活动从外在自然界中获取资料满足需要。我们说，动物是以直接占有的方式满足需要，人是通过劳动创造的方式满足需要，劳动是人与自然之间的物质变换永恒的自然必然性。

这里有一个问题需要明确。我们前面一再强调，人满足需要的方式是劳动、实践，劳动、实践方式具有客观必然性。现在需要明确的问题就是：人类社会有没有直接占有的满足需要的方式？

事实上，直接占有也一直是人满足需要的方式。

当然，从人与自然的关系上讲，从原始人制造石刀、石斧的

---

① 《列宁选集》第二卷，北京：人民出版社2012年版，第170页。

那一刻起，人类实际上就是在以人的方式即劳动的方式来解决人与自然的矛盾。人类社会越发展，生产力越进步，科学技术越发达，人从自然界中直接获取所需的方式也就越少。

但是，在社会关系方面，通过直接占有满足需要的方式直到今天，一直都存在。当然，由于个体直接占有他人或社会财富的行为会造成社会混乱，骗、偷、抢等行为危害社会秩序，所以人们通过乡俗民约、法律法规及道德规范等，不断地约束个人的这种原始自然的行为，个体的那种动物式的直接占有的方式不断得到限制。但是，在部落与部落之间、阶级与阶级之间、国家与国家之间，通过战争、暴力掠夺、剥削等直接占有的方式满足需要，一直没有得到人类总体上的自觉限制。在阶级社会里，统治阶级利用对生产资料占有的权力，通过各种手段无偿占有劳动阶级的劳动被认为是天经地义的。在资本主义社会，人们尊崇"物竞天择，适者生存"、丛林法则等，剥削合法化，直接占有他人劳动普遍化，成为资本主义社会的一种普遍信仰。"劳动至上"仅仅是作为抽象观念，而没有成为人们普遍自觉的行动，相反，不劳而获却成为人们心向往之的实践理念。实现普遍化劳动，摆脱战争、剥削等直接占有满足需要的方式，是当今人类自身发展的方向和目标追求。

本章小结

马克思主义强调，世界的本质是物质。旧唯物主义离开主体、离开主体能动地改造客体的实践活动，单纯从客观角度认识对象世界的本质，把物质理解为某种物质实体即原子；而马克思主义从主体、客体与实践"三者一体"的整体角度来认识世界的本质，来给物质概念下定义，把物质理解为客观实在。同时，马克思主义强调，物质世界是能够认识的，认识是主体对对象世界的能动的反映。立足于主体、客体与实践"三者一体"的整体视角，马克思主义科学地解决了认识的来源、发展的动力、目的和任务以及检验真理性认识的标准、认识辩证发展过程等问题。马克思主义彻底贯彻世界的统一物质性原则，确立了历史唯物主义基本原理，强调人类社会的物质性不仅体现为自然地理环境、人口等物质实体的物质性，而且根本地体现为人类社会的物质生产方式的物质性，体现为生产力发展的客观性。生产力决定生产关系、经济基础决定上层建筑的社会基本矛盾是推动人类社会不断向前发展的根本动力。

第五章

客观普遍性与特殊性辩证统一

——基于整体原则理解马克思主义价值论

　　立足于主体、客体与实践"三者一体"整体方法认识和理解主体，包括人的本质、人的需要的满足等问题。其中，最主要的是主体需要的满足问题。主体的需要是通过人类劳动创造的成果来满足的，而这些成果就是价值。价值问题是马克思主义理论体系中的重要部分。

　　那么，如何理解人的本质？如何理解价值的产生、本质、特性等问题？我们仍然必须坚持主体、客体与实践"三者一体"的整体方法，否则这些问题都无法讲清楚。

一、人的本质：立足"三者一体"整体原则认识人的本质

　　马克思立足于科学实践观，立足于主体、客体与实践"三者一体"的方法，科学解释了人的本质问题。

　　如何认识人的本质？无论是旧唯物主义还是唯心主义都没有从主体、客体与实践"三者一体"的整体角度，而是脱离社会历

史实践活动来认识人、理解人，因而他们所理解的人都是抽象的人，把握不住人的本质。唯心主义将人理解为某种精神实体，如黑格尔认为自我意识（绝对精神）是实体，即主体，正如马克思所指出的："人的本质，人，在黑格尔看来＝自我意识。"[①]"就是说，人被看成非对象性的、唯灵论的存在物。"[②]一方面，"非对象性"的意思就是没有对象——我们说，事物是普遍联系、永恒发展的，任何事物都必然与其他事物发生联系，因而任何事物都有对象，没有对象就意味着在现实中不存在。另一方面，人的活动、劳动又被唯心主义理解为"抽象的精神的劳动"。因此，唯心主义理解的人实际上是只有在理论中存在而在现实生活中不存在的人。旧唯物主义，例如费尔巴哈是从"现实的人"出发的，把人理解为感性存在，但是，费尔巴哈把人理解为生物学意义的人，单纯从感性存在出发，没有把人理解为感性活动，因而仍然是抽象的人。由此，费尔巴哈从单纯的主体存在角度，单纯从人自身、从人的理性角度来认识人的本质，把人的本质规定为"理性、意志、心"，认为理性、意志、心就是人的类本质，就是人的绝对本质。[③]马克思、恩格斯在《德意志意识形态》中指出：费

---

① 《马克思恩格斯全集》第三卷，北京：人民出版社2002年版，第321页。
② 《马克思恩格斯全集》第三卷，北京：人民出版社2002年版，第321页。
③ ［德］路德维希·费尔巴哈：《费尔巴哈哲学著作选集》上卷，荣震华、李金山等译，北京：商务印书馆1984年版，第28页。

尔巴哈"把人只看做是'感性对象'，而不是'感性活动'，因为他在这里也仍然停留在理论领域，没有从人们现有的社会联系，从那些使人们成为现在这种样子的周围生活条件来观察人们——这一点且不说，他还从来没有看到现实存在着的、活动的人，而是停留于抽象的'人'，并且仅仅限于在感情范围内承认'现实的、单独的、肉体的人'"①。费尔巴哈的"现实的人"只是"感性存在"，而不是"感性活动"，因而实际上与唯心主义一样，也是只有在理论中存在而在现实生活中不存在的人，因而是抽象的人，没有科学理解人的本质。

马克思主义从主体、客体与实践"三者一体"角度认识主体，从改造客体的实践活动中理解人的本质。人先天具有本能欲求、生理需要，而满足这些需要的资料在人身之外的对象世界，所以人必须要通过自身的活动、通过劳动创造出人工产品来满足需要。因此，人的存在与人的需要满足方式是一体的；人的肉体存在与人的活动是一体的；人是什么样的，是由他的活动方式决定的；有什么样的满足需要的活动方式就有什么样的人。因此，现实的人不是抽象存在的，一定是处在生产满足需要的产品的实践活动之中的、从事某种劳动的人。马克思指出："个人怎样表

---

① 《马克思恩格斯文集》第一卷，北京：人民出版社2009年版，第530页。

现自己的生命，他们自己就是怎样。因此，他们是什么样的，这同他们的生产是一致的。"①这表明，对人的本质的认识，要从人的活动方式角度去认识，不要孤立、静止地看那个人自身，包括他的肉身、需要、精神、理性、意志、爱等等，而必须要与人的活动方式联系起来，因此，要在历史的进程中，要在人的社会实践及其现实关系中理解人的本质。

由此，从主体、客体与实践"三者一体"的整体角度，人的本质包括内在相连、不可分割、辩证统一的两个方面：一是从人与自然关系角度，人的本质是自由的有意识的活动，即劳动，是社会实践；二是从人与社会关系角度讲，人的本质是一切社会关系的总和。这里看似把对人的本质的理解分成了两个部分，但是，一定要注意，二者不是不相干的，而是相辅相成而又不可分割的辩证统一的整体。一方面，人的有意识有目的的劳动实践，从一开始就是社会实践，只有在特定的社会关系体系中才能进行。也就是说，离开了社会关系体系谈人的劳动实践，必然是抽象的空洞的。另一方面，人们的社会关系只有在人的现实的实践活动中才能形成，离开人的劳动实践的社会关系，只能是没有意义的单纯形式，离开实践活动无所谓社会关系问题。因此，对于

---

① 《马克思恩格斯文集》第一卷，北京：人民出版社2009年版，第520页。

现实的人来说，人的本质的两个方面并不是各自孤立存在的，总是有机地结合在一起，它们互为前提、相互作用、相互补充。如果离开社会关系谈劳动实践或离开劳动实践讲社会关系，都表明没有真正理解马克思的人的本质观精髓。

总之，离开人的历史性的现实关系和历史性的实践活动，就会像费尔巴哈那样陷入抽象人性论。正是在这个意义上，马克思指出："人的本质不是单个人所固有的抽象物，在其现实性上，它是一切社会关系的总和。"①这里，"一切社会关系的总和"包括现实关系的总和，但更强调的是历史关系的总和，因为一切现实关系都是在人类历史实践中不断创造、积累而形成的。没有历史关系的积累，也就没有普遍的现实关系的形成。

二、关于价值：价值的形成及本质特性

首先需要说明，我们这里所讨论的是哲学上的一般价值，不是经济学上的商品价值。经济学上的价值概念与哲学上的价值概念是不能等同的。经济学上的"价值"是指商品价值。马克思在《资本论》等著作中指出，商品的价值是凝结在商品中的无差别的人类劳动（即抽象劳动），交换价值是这个价值的

---

① 《马克思恩格斯文集》第一卷，北京：人民出版社2009年版，第501页。

表现形式。经济学的价值只有商品具有，不是商品也就无所谓价值。哲学的价值概念，可以定义为：价值在人的实践活动中形成，是标志主客体关系的范畴，客体属性与主体内在尺度相契合，对主体有积极意义，即为价值。简单地说，所谓价值就是有用物，即财富。无疑，商品价值与使用价值、哲学上的一般价值概念是有明确区分的，它们的研究对象、研究领域及要解决和说明的问题截然不同。哲学上的一般价值概念是从主体需要与对象物之间的自然关系中产生的，而经济学上的商品价值概念不是从这种主客体的自然关系中产生的，而是从人与人的社会关系（交往关系）中产生的。因此，在讨论价值问题时要将经济学上的价值概念与哲学上的价值概念明确区分，以免造成误解。

（一）马克思关于"价值一般"的相关思想

马克思没有明确提出过哲学上的一般价值定义，也没有明确研究过哲学上的一般价值问题。他的研究任务属于经济学上的价值范畴。但是马克思、恩格斯的相关价值研究，特别是对使用价值问题的讨论，以及对资产阶级经济学家关于价值的错误观点的批判，为我们今天研究价值问题奠定了理论基础，确立了基本原则和研究方向。

1.马克思对瓦格纳等的"价值一般"思想的批判

关于马克思有没有一般性价值的定义，我国学术界曾经存在争议。马克思在《评阿·瓦格纳的〈政治经济学教科书〉》这本小册子中有这样一段话："如果说，'按照德语的用法'，这就是指物被'赋予价值'，那就证明：'价值'这个普遍的概念是从人们对待满足他们需要的外界物的关系中产生的，因而，这也是'价值'的种概念，而价值的其他一切形态，如化学元素的原子价，只不过是这个概念的属概念。"20世纪八九十年代，很多学者认为这就是马克思本人的关于价值一般的界定，并在写文章的时候直接引用："'价值'这个普遍的概念是从人们对待满足他们需要的外界物的关系中产生的。"1987年1月5日，郝晓光在《光明日报》发表了《对所谓普遍价值意义的否证》一文，认为这段话并不是马克思本人关于一般价值概念的界定，而是马克思转述所批驳的瓦格纳的观点。这种观点得到学界大多数学者的赞同。其后，尽管有学者提出不同意见，也有学者把这段话作为马克思的观点直接引用——直到现在还有很多学者这样引用，但学界普遍认为，纵观上下文，马克思确实没有提出自己的一般性价值概念，而且，马克思很反感瓦格纳等德国学者们的那种价值一般思想。在马克思、恩格斯其他的著作中，也没有明确定义过价值一般概念。那么，应该如何理解马克思对瓦格纳的批判，马克思是否反对价值一般概念？

事实上，马克思对瓦格纳的批判，并不是马克思否定一般性价值概念，而是批判瓦格纳从一般价值概念出发说明具体价值问题的唯心主义思维方式。瓦格纳的一般性价值概念不是凭空得来的，而是从人与自然的关系即外界物满足人的需要的关系中得出的，确切地说是从物的使用价值中抽象出来的。瓦格纳说，我渴了，有喝水的需要，所以水有价值；我需要补充维生素，所以西红柿有价值。——这就是从具体抽象出一般的方法，这是对的。但是，瓦格纳得出价值就是"物对人有用"结论后，就把这种关系理解为一种理论的关系，然后把一般价值独立出来，用一般决定个别，从一般价值出发去说明具体的价值现象。例如，西红柿有用，具有交换价值，所以成为商品。东西越有用，价格就越高。

而马克思认为人与物的一般价值关系，不是一种理论关系，而是以实践的即以活动为基础的关系。马克思指出："人们决不是首先'处在这种对外界物的理论关系中'。正如任何动物一样，他们首先是要吃、喝等等，也就是说，并不'处在'某一种关系中，而是积极地活动，通过活动来取得一定的外界物，从而满足自己的需要。（因而，他们是从生产开始的。）"也就是说，马克思认为，西红柿不是我们需要它，它就成了商品，就有了价值，而是由于人类的实践活动，由于我们认识它、种植它之后，西红柿才有了价值，才成为商品。

所以，马克思说："但是在一个学究教授看来，人对自然的关系首先并不是实践的即以活动为基础的关系，而是理论的关系。"瓦格纳得出价值一般概念后，就独立出来，从这个抽象概念出发去说明现实价值问题，通过对外界物估价，赋予财物或外界物价值，认为商品价值就是使用价值，反对马克思的劳动价值理论。马克思之所以写这本《评阿·瓦格纳的〈政治经济学教科书〉》小册子批判瓦格纳，是因为瓦格纳写书攻击马克思的劳动价值论。马克思批判了瓦格纳这种从抽象规定出发的思维方式，并指出，对价值的讨论不能从价值概念出发，而应该从"社会物"出发，从劳动产品在现代社会所表现的最简单的社会形式即"商品"出发。

通过马克思的相关论述，我们可以确定，马克思没有否定哲学上的价值一般概念本身，没有否定从具体的使用价值等抽象出价值一般的思维路径，马克思批判的是从抽象价值原则出发说明现实价值问题的唯心主义思维方式。事实上，在经典著作中，除经济学意义，马克思、恩格斯等也在哲学的一般意义上大量使用、讨论价值概念。在马克思、恩格斯著作中，经济学上和哲学上两种意义的价值概念混在一起使用，需要我们根据具体语境进行区分、理解。

当然，马克思、恩格斯没有否定价值一般概念，但也没有明确提出过价值一般定义。他们的研究任务是经济学上的价值概念，并且，在理论上大量讨论哲学上的价值一般概念是在马克思和恩格斯去世之后，也就是19世纪末20世纪初。它是随着经济学价值概念不断向其他领域渗透才开始流行的。也就是说，哲学上的一般价值概念的提出和研究，不是马克思和恩格斯那个时代的任务，而是20世纪初以后的事情。

2.马克思关于"价值一般"思想的启示

尽管马克思没有提出过一般价值定义，但是马克思关于使用价值等相关价值思想仍为我们今天研究价值问题提供了非常重要的启示，其中最重要的就是要从主体、客体与实践"三者一体"的整体角度理解价值问题。

第一，要从主客体关系角度理解价值。在对价值的理解上，我们不能单纯从客体固有属性角度来理解，也不能单纯从主体需要角度来理解。一方面，不能单纯从客体属性角度理解价值。马克思反对将使用价值规定为客体的固有属性，从而说价值是事物本身所固有的，他说："他们赋予物以有用的性质，好像这种有用性是物本身所固有的，虽然羊未必想得到，它的'有用'性之一，是可作人的食物。"马克思的意思是，就客体本身，无所谓价值问题。例如：贫血的人需要补铁，那个大铁块子含铁量达100%，但是人们不能吃大铁块补铁，而是需要吃菠菜、瘦肉等或者医院开的铁剂来补铁，大铁块有相应的属性，但是不能满足我的需要，所以它不能成为相应的价值。

另一方面，价值也不是主体纯粹观念的东西，一事物不是我说它有价值它就有价值。马克思指出："物的有用性使物成为使用价值。但这种有用性不是悬在空中的。它决定于商品体的属性，离开了商品体就不存在。因此，商品体本身，例如铁、小麦、金刚石等等，就是使用价值，或财物。"[①]马克思强调从主客体关系的角度，从客体的属性对主体的意义角度理解价值："使用价值表示物和人之间的自然关系，实际上是表示物为人而存在。"[②]也就是说，我有需要，对象正好有能满足我的这个需要的属性。例如，水的营养属性，能满足人渴的需要，如果水没有那个相应属性，单凭人的主观意愿，水也不能成为满足人们渴的需要的价值。

第二，要立足于实践理解价值的本质。瓦格纳从物对人有用这种主体关系中即从使用价值中抽象出一般价值，这是对的，但是他把这种主客体关系看成抽象的理论关系，马克思指出：

---

① 《马克思恩格斯文集》第五卷，北京：人民出版社2009年版，第48页。
② 《马克思恩格斯全集》第三十五卷，北京：人民出版社2013年版，第277页。

这一关系不是抽象的理论关系，而是处于人的实践活动之中的主体与客体之间的关系，因而是现实的关系。所谓"现实的主客体关系"，指在实践活动中产生并随着实践活动的发展而不断变化的主客体之间的关系。因此，我们说，从人的需要出发，从有需要的人出发来理解价值是对的，但是这个人不是孤立静坐的，他必然是从事一定实践活动的人，因而必然是生活在一定社会关系之中的人。所以，对价值的理解不能局限于主客体的抽象性理论关系，而必须要将这一关系置于一定历史阶段、一定现实的社会关系中，置于人与对象的具体关系和具体实践活动中来理解。

第三，使用价值是价值一般的物质基础和核心内容。从价值最原始的含义看，从其来源上看，价值是以使用价值为基础进行抽象、概括的结果，这是一个必须要尊重的历史事实。也就是说，人们最初使用"价值"概念的时候，就是在"物对人有用、有意义"这个含义上来使用的。马克思在《剩余价值理论》中指出："《评政治经济学上若干用语的争论》一书的作者、贝利和其他人指出，'value，valeur'（价值，编者注）这两个词表示物的一种属性。的确，它们最初无非是表示物对于人的使用价值，表示物的对人有用或使人愉快等等的属性。按事物的性质来说，'value，valeur，Wert'（价值，编者注）这些词在词源学上不可能有其他的来源。"①这就是从价值概念形成的源头出发，从价值概念的原始含义出发，来说明价值与使用价值的内在关系。

价值除了使用价值之外，还有道德价值、美的价值等等。也就是说，价值包括使用价值、道德价值和美的价值等。但是，需要强调的是：道德价值、美的价值是在使用价值的基础上产生的，使用价值是价值的基础和核心。例如，每当天气晴好，蓝天白云，人们就会拍照发到社交媒体晒蓝天——蓝天很美，有审美价值，所以大家来晒图。美的形式固然重要，但是同时也是有着深远的物质功利性因素的。人们之所以觉得它美，是因为蓝天意味着空气好，而空气好对人身体健康有好处。蓝天成为美景的深远背景是，它首先具有使用价值，也就是对人有好处，然后才成为美的东西。雾霾天对人身体有害，所以人们觉得雾霾天不美。马克思在《资本论》中强调："不论财富的社会形式如何，使用价值总是构成财富的物质的内容。在我们所要考察的社会形式中，使用价值同时又是交换价值的物质承担者。"②财富即人类所创造的一切价值，不论其形式如何，使用价值都是其物质内容。固然，事物不仅具有使用价值，还有美的价值、艺术价值、道德

---

① 《马克思恩格斯全集》第三十五卷，北京：人民出版社2013年版，第277页。
② 《马克思恩格斯选集》第二卷，北京：人民出版社2012年版，第97页。

价值；价值不仅包括有用物，还包括道德、美等等，价值一般就是从这些具体的价值中抽象出来的，但是，无论如何，使用价值是价值的基础和核心，二者是一般与个别的关系，即价值是一般，使用价值是具体是个别。总之，我们可以这样说，价值是从使用价值、道德价值、美的价值等中抽象出来的，其中，使用价值是价值的基础和核心内容。只有立足于这一点，才能在此基础上更准确地理解价值一般概念。

综合马克思、恩格斯关于价值一般的思想，我们认为，价值可以作如下定义：价值在人的实践活动中形成，是标志现实的主客体关系的范畴，客体属性与主体内在尺度相契合，对主体有积极意义，即为价值。

（二）价值的内容与分类

我们要深刻理解价值的内涵及其本质，就需要进一步分析价值所包含的内容。价值包括哪些内容呢？首先需要按照一定标准给价值进行分类。价值的分类有很多种，从不同角度会有不同分类。但是有些分类对揭示价值的本质没有什么太大意义。我们说，价值的本质要从主体与客体的关系角度来理解，同样，对价值内容的分类也要从主客体关系角度来概括。从实践活动中的主客体关系角度给价值分类，对理解价值的内涵及其本质，对完整揭示价值概念的外延都具有根本性意义。

主客体关系包括哪些呢？马克思在《政治经济学批判导言》中指出，"主体是人，客体是自然"，"主体是人"好理解，"客体是自然"中的这个"自然"，包括三个方面：自然界、人类社会和人自身。由此，主客体关系，包括三重：人与自然界、人与社会、人与自身的关系。在人与自然界的实践关系中，主体是人，客体是自然界，没有相反；但是，在人与自身、人与他人及社会关系的实践中，人既是主体，又是客体，互为主客体，因此实践关系复杂得多，价值关系也复杂得多。

从人与自然界的关系角度，价值主要包括实物形态的产品和观念形态的知识。在人与自然界的关系中，人通过认识和改造对象世界获得的价值，主要包括实物形态的产品和观念形态的知识。什么是实物形态的产品？就是劳动创造的物质产品。物质产品作为有用物，作为使用价值，是价值的基本内容。例如，床、桌子、面包、西红柿等等都是价值。什么是观念形态的知识？就是关于对象世界属性和规律等认识形成的成果，包括理论、知识、规则等等。

从人与社会的关系角度，价值主要包括社会规范等。在人与社会的关系中，人与社会互相为主客体。价值是通过认识和改造人和社会而形成的知识、社会规范。这里，知识是指人们对人类社会属性和规律的认识过程及成果，包括形成的社会科学知识。我们这里主要指的是社会规范。规范是指调节人与人及人与社会之间关系的行为规则和标准。人们在社会中结成一定关系，首先是生产关系，彼此联合起来面对强大的自然界。但是随着生产力的发展，个人之间、个人与社会之间、集体与集体之间等存在利益矛盾冲突，有时候矛盾很剧烈，影响人们正常的生产和生活。为了维持社会的和谐有序，原始禁忌、风俗、习惯、传统、民情等等最初的社会规范逐渐形成；人们在最初的社会规范基础上提升出宗教、道德等规范；随着私有观念和私有制的出现、阶级的产生，当一般性社会规范失去约束力的时候，具有外在强制性的各项社会制度、法律法规等随着国家的出现而产生了。当今时代，服务作为社会规范，已经成为满足人的需要的重要产品。

在人与社会的主客体关系中，人与社会互为主客体，即人、社会都既为主体也为客体。价值规范的内容既包括个人为他人和社会作贡献，遵守社会规范，如遵纪守法、尊老爱幼等；也包括社会为每个人的自由全面发展创造条件，包括公平、正义、民主等原则，如法律法规、社会保障体系、公共产品和公共服务等等。

从人与自身的关系角度，价值主要包括人的能力（劳动）、自由、艺术、美等。在人与自身的关系中，人以自身为对象，人既是主体也是客体，价值表现在五个方面。（1）人先天具有的肉体组织、身体器官及其机能，如能思考的大脑、能活动的手和脚，以及感觉、运动机能等等。（2）劳动。劳动作为价值是人自觉的、能动的创造性活动，体现在人借助于工具来实现自己的目的。（3）思维、意志、主体意识等。思维是人所特有的认识能力，意志是主体确定目标并克服障碍实现目标的状态，等等。（4）自由。自由是人获得一切有价值事物的必要条件，是一切价值之源。（5）艺术和美。艺术、美是最高层次的价值。

（三）价值是如何产生的？——劳动创造价值

满足人类需要的价值是如何产生的？唯心主义和旧唯物主义对这个问题的回答本质上都是唯心主义，或者认为价值是人先天具有的，或者认为价值来自先验理性，或者来自上帝，或者来自个体的经验与习惯。因为他们都没有从主体、客体与实践"三者一体"的整体角度，没有从普遍性、总体性社会实践角度来探讨价值的形成问题，所以得不出正确结论。

现在很多学者认为，价值来自人的需要，人有共同需要，所以就有共同价值。我们说，价值产生的前提和原始动力是人的自然需要。人作为有生命的肉体存在，先天具有本能欲求、生理需要，而满足这些自然需要的对象却不在人自身，而在其外部世界。人的本能欲求、生理需要迫使人不断地与外界进行物质、能量和信息的交换，摄取营养物质，保证生命的存在。本能欲求、生理需要是人先天具有的，具有不以人的意志为转移的客观性；从长期看，人只能选择满足它，而不能压抑它、消灭它。因此，本能欲求、生理需要无所谓合理不合理，凡是正常人的本能欲求、生理需要都是合理的，都是应该得到满足的。——这就是价值产生的源头，是价值产生的前提和原始动力。

但是，价值产生的前提和原始动力不等于价值的形成本身，人的本能欲求、生理需要不等于现实的价值本身，因为离开劳动、实践，人的需要就是抽象的、空洞的。因而不能单纯从人的需要角度理解价值的形成，认为人有需要，所以就有了相应的价值，这是错误的。人有了本能欲求、生理需要，必然要有满足需要的手段和方式，动物是通过直接占有的方式满足需要，而人则是通过劳动创造的方式满足需要。一切价值都是劳动创造的，是人类在社会实践中创造、又经过亿万次实践反复验证而确立的。社会实践决定了价值的本质和特性。

（四）劳动如何创造价值

劳动创造价值，首先在于劳动、物质生产活动创造了食物等物质产品，满足人们的本能欲求和生理需要等物质生活需要，这是人类生存的物质基础，是劳动、实践对人的存在最基本的意义。这一点好理解，我们不多讲。我们主要讲：劳动、社会实践创造的另一个重要价值，即理性成果和理性能力，也就是人所特有的、动物不具有的主体的内在精神力量，即人的精神文化世界。

1.劳动、实践创造了概念、思维、语言文字（理性能力）

唯心主义认为，人的理性能力，即概念、判断、推理等思维能力，是人先天就具有的或者上帝赋予人类的。马克思主义强调，人的理性能力是劳动、实践创造出来的。

思维与语言是密切交织在一起的，语言的产生极大地促进了人的思维的形成和发展。语言是思维的内容和工具，是思维的实现。——那么，思维与语言是怎么产生的？是在人们的物质交往中，到了不得不说的时候产生的。用马克思、恩格斯的话说，人们的思维、语言等是人们物质交往的直接产物，所谓的物质交往是人们在生产活动中形成的交往。"劳动的发展必然促使社会成员更紧密地互相结合起来，因为劳动的发展使互相支持和共同协作的场合增多了，并且使每个人都清楚地意识到这种共同协作的好处。一句话，这些正在生成中的人，已经达到彼此间不得不说些什么的地步了。"[①]这就是说，人们在劳动过程中，随着活动的

---

① 《马克思恩格斯文集》第九卷，北京：人民出版社2009年版，第553页。

深入，交往越来越多，也越来越需要互相交流，到了不得不说的时候，语言就产生了。什么叫不得不说？可以想象一下，在劳动中，随着分工细化，人的活动内容越来越丰富，人们之间的交往也日益密切，到了那种时候，单凭表情、动作，不靠说点什么，对方不能明白你的意图，语言就产生了。语言只是由于需要，由于和他人交往的迫切需要才产生的。马克思、恩格斯在《德意志意识形态》中指出，"思想、观念、意识的生产最初是直接与人们的物质活动，与人们的物质交往，与现实生活的语言交织在一起的"[1]，"语言和意识具有同样长久的历史；语言是一种实践的、既为别人存在因而也为我自身存在的、现实的意识"[2]。恩格斯在《劳动在从猿到人转变过程中的作用》中指出，"语言是从劳动中并和劳动一起产生出来的，这个解释是唯一正确的"[3]，"首先是劳动，然后是语言和劳动一起，成了两个最主要的推动力，在它们的影响下，猿脑就逐渐地过渡到人脑"[4]。

语言、思维又是如何实现的？是借助于概念实现的。概念是语言、思维的媒介、工具和内容。概念的形成对人来说具有极为重大而深远的意义。概念的创造对人类来说是非常了不起的创

---

[1] 《马克思恩格斯文集》第一卷，北京：人民出版社2009年版，第524页。
[2] 《马克思恩格斯文集》第一卷，北京：人民出版社2009年版，第533页。
[3] 《马克思恩格斯文集》第九卷，北京：人民出版社2009年版，第553页。
[4] 《马克思恩格斯文集》第九卷，北京：人民出版社2009年版，第554页。

造，哪怕是一个最具体的概念，如苹果、桌子等等，却表明人们对一类事物的共同属性的把握。概念的每一次抽象，都表明人们对事物的本质、规律的认识更深入一层。这正是人类的思维超越于动物的本能意识的关键之处。例如，苹果这个概念的形成：人们看到漫山遍野的果实，红红的、圆圆的，有甜酸的味道等，就把这类果实称为"苹果"。以此类推，香蕉、柿子、李子、梨等概念形成。然后，人们又在这些具体概念的基础上，进一步发现了苹果、香蕉、柿子、李子、梨等这些具体概念的共性，于是进一步进行抽象，形成了抽象层次更高的"水果"的概念。"水果"这个概念的形成对人来说具有根本性意义，因为它是现实生活中不存在的。现实世界中没有"水果"，吃不到、摸不着，它是只有在人的头脑中、在人的思维中存在的概念，所以概念具有超越时空传递信息的特点。以此类推，诸如此类，蔬菜、树、草等抽象层次更高的概念形成了，人们又在此基础上继续抽象，形成了"植物"等概念；人们在禽、兽、鱼、虫等概念的基础上，形成了"动物"概念等。再在植物、动物等这些概念的基础上，抽象出"生物"概念等。最后形成了抽象层次最高的"存在"这个概念。"存在"概念表明，所有事物都有一个共同属性，即"在"。由此，在概念的基础上，人们运用概念进行判断和推理，就产生了新知识，人就有了动物所没有的庞大知识体系。例如，明天是晴天→（推论出）明天不下雨→（推论出）明天可以洗车。

那么，人类的这些概念是如何抽象出来的呢？是在社会实践活动中、由于实践的迫切需要而抽象出来的。以数的概念的创造为例，人类社会早期，人们的生产生活中只有很小的数的概念，如1、2、3表示"多"，或者3表示比1和2更大的所有的数。随着生产力的发展和社会交往范围的扩大，特别是物质分配和交换的需要，就特别需要把数具体化。例如分配苹果，给一个人分3个苹果，给另一个人分5个苹果，这是不同的。但是由于缺乏具体的数的概念，分3个苹果的人感觉明显不公平，他迫切想表达，但又无法表达。再例如计算牲畜的数量，一个人早上出去放羊，开始没有数的概念的时候，早上出去放20只，晚上回来的时候就剩下18只，他明显感觉到不对劲，但是又无法表达出来。此外，人们交换物品、计算日期等，都迫切需要有具体的数来计算。于是，实践需要推动人们形成3这个数，即3表示比2更大的一个数，以此类推，形成4、5、6、7、8、9、10等的概念。由此，复杂的"数"的概念逐步发展和完善起来。因此，"数"的概念不是人类先天就具有的，而是在劳动、实践中逐渐形成的。

文字的发明和使用具有极为深远的重要意义。文字的发明是源于人们生产和生活中的记事需要，开始人们靠结绳、刻木为契等记事，但这种记录方式往往只有当事人自己才明白。后来人们用图画来表达和传递信息，图画是人类把对对象的印象用客观记号表现出来的第一种形式。图画具有直观性、确定性和客观性，很快被人们应用于记事，通过对图画的简化和对记号的改造，人类逐渐创造了文字。文字可以跨越时空传递信息，流传和影响更为广远，重要的是文字能把前代人的认识成果形成知识传递给后人，从此以后，每一代人的实践活动都是在前人积累的成果的基础上进行新的创造，而不再像动物那样每一代都是重新开始。文字在人类发展史上具有伟大的意义，是人类理性具有无限思维能力的根据所在。

2.劳动创造了知识、规范和美（理性成果）

它表现在三个方面：一是人与自然的关系层面的知识，二是人与社会的关系层面的规范，三是人与自身的关系层面的美。

（1）劳动创造、积累了知识体系——知识理性

今天人类有一个庞大的知识体系，这是人类实践成功的内在力量。这些知识是从哪里来的呢？是从劳动中创造积累、又经过社会实践反复验证而形成的。例如，人类最早的劳动实践是采集和狩猎，因此人类最早的知识是相关生物学等方面的知识。植物性食物是早期人类最主要的食物，植物的属性及生长规律等对人来说至关重要，于是人们在食用和采集过程中不断积累相关知

识，在其后的农业活动中不断发展，形成了植物学。早期人类的狩猎劳动，需要了解动物的属性、生活习性、活动规律等，以便于人们捕获和食用，于是人们在狩猎活动及其后的养殖劳动中积累了动物学知识，形成了动物学。人们在制造石器、建造房屋等过程中，需要了解材料的硬度、强度、性质等知识，于是积累了物理学知识。同样是由于劳动实践的需要，人们在与天气打交道的过程中，形成了天文学知识；在迁徙活动中，形成了地理知识；在与疾病斗争过程中，积累了医学知识；等等。语言文字发明后，这些知识就被人们有意识地记录下来，每一时代的人们都在前人积累的基础上进行新的发明创造，形成新的知识，于是有了今天关于自然界、社会和精神世界的知识体系。

（2）劳动创造了社会规范体系——规范理性

在物质生产活动中，为了更好地改造自然、获取生活资料，人们必须要互相联合起来，彼此合作，在生产过程中结成一定的经济关系。随着生产的发展，以经济关系为基础的社会关系日益复杂起来，在生产、交往、分配等日常生产和生活过程中，个人利益之间及个人利益与集体利益之间存在着矛盾，有时矛盾会很尖锐，影响正常生产。这些矛盾日益显现，为调节人与人之间、个人与集体之间的利益关系，便在原始人中产生了一些约束个人行为最简单的行为规范、准则，形成了具有约束力的禁忌、风俗习惯等等。例如勿偷盗、勿说谎等禁令，以及勤劳、勇敢、友爱等道德规范。遵守这些规范就受到褒奖，违背这些规范就受到惩罚。这就是社会制度和道德规范的萌芽。正如恩格斯所说，在社会发展某个很早的阶段，产生了这样的一种需要：把每天重复着的生产、分配和交换产品的行为用一个共同的规则概括起来，设法使个人服从生产和交换的一般条件。这个规则首先表现为习惯，后来便成了法律。[①]由此形成了法律制度。法律制度以国家机器为物质基础，具有强制力量；而宗教、道德以非强制性方式规范人们的经济生活和社会生活，保证社会生产有秩序地进行。

（3）劳动创造了美感和艺术——审美理性

美感是从主体角度来说的，艺术是从审美对象即客体角度来说的。人类的美感是如何产生的？人的美感是劳动创造的，是在占有和享受劳动产品的过程中获得的。

动物也有"创造物"，但是只有人的劳动是自觉的有目的有意识的活动。人在劳动之前，劳动的过程、方法及成果已经在人的头脑中观念地存在了，而这个观念存在是人在总结前人经验、吸取已有成果的基础上创造出来的，是人们借助概念、

[①] 《马克思恩格斯选集》第二卷，北京：人民出版社2012年版，第581—589页。

运用语言文字而形成的观念存在，它超越现实世界的不足和局限性，内含着人的愿望、理想，体现着人的本质力量和理性智慧。人通过自己的感性活动，通过实际的操作过程，将自己的理想、愿望变成现实，生产出满足需要的人工产品。人们创造人工产品的根本目的是占有和享受产品，现实地满足需要。正是在占有和享受劳动产品的过程中，面对自己的创造物，主体享受到一种自身的力量得到自由展现的愉快，即主体性得到实现的愉快。这是一种创造的愉快。这种创造的愉快升华，就产生美感。

举例说明美感。在一个冰天雪地的冬天，有一个乞丐赤足行走在路上，这时候他得到两种满足：一种是别人送他一双鞋，他穿上后，需要得到满足；一种是他自己在一堆破鞋中挑选出一双鞋，他穿上后，需要也得到满足。这两种满足哪一种更让他感觉到愉快呢？——是后者的满足。因为前者是单纯的物欲满足引起的愉快，而后者伴随物质上的满足的同时，有一种主体的选择能力得到确证的愉快。这是两种不同层面的快乐，其快乐来源于两种不同的需要满足方式：前一种满足自己没有付出努力，是通过直接占有的方式满足了需要，满足是被动接受的；后一种满足是经过了自己的努力，付出了他的主体性力量，是他的自由意志自主选择的结果，是人的本质力量得到确证的愉快。他选中的鞋子体现了他的意志、愿望和审美情趣等等，在占有和享受这双鞋子的时候，让他体验到了自己作为主体的自由意志自觉实现了的快乐。由此，劳动创造的快感就升华为美感。

由此，从劳动、实践出发，马克思第一次揭示了幸福的秘密，这个秘密不是别的，就是人类的幸福不是个人头脑中杜撰的随心所欲的产物，而是人类劳动的产物，是人在占有和享受劳动产品、实现主客体统一基础上所获得的愉快的情感体验和升华，这是一种高级层次的幸福体验。所以，人们常说，劳动最光荣，幸福是奋斗出来的，这不是枯燥的说教，而是有深刻的哲学道理的。人的最根本的快乐来自劳动创造，是人的主体性和主体价值得到实现而带来的快乐。

以上讲的是美感。下面我们看艺术即审美对象。

美的对象、美的规律等等也是人类在劳动实践中创造的，是在人类长期以来持续不断改造世界的物质实践活动中产生的，根源于人类总体的社会历史实践。恩格斯指出："只是由于劳动，由于总是要去适应新的动作，由于这样所引起的肌肉、韧带以及经过更长的时间引起的骨骼的特殊发育遗传下来，而且由于这些遗传下来的灵巧性不断以新的方式应用于新的越来越复杂的动作，人的手才达到这样高度的完善，以致像施魔法一样产生了拉斐尔的绘画、托尔瓦森的雕刻和帕格尼尼的音乐。"[①]这就是说，劳动创造了能创造美的手、耳朵，创造了能创造美的人，创造了审美对象。

另外，劳动创造了美的形式。美的形式即韵律、节奏、声律，以及光洁、对称、和谐、秩序等等，是人类有意识有目的的创造性的劳动实践的产物，是人类在长期劳动中创造、积累起来的美的形式。例如节奏感，尽管有生理本源，但是真正的节奏感最早产生于人们群体协作性的实践活动中。在群体同步运动中，为了大家协调一致完成工作，人们会喊劳动号子，这个劳动号子逐渐声律化、节奏化，赋予了一种人创造的形式韵律，就成了人类的审美形式。

（五）价值的本质特性：客观普遍性与特殊性辩证统一

1.价值具有客观性

价值的客观性来自哪里？有人说，价值的客观性来自客体对象。如前所述，价值来自主客体关系，不能单纯从客体角度理解价值的客观性。补铁不能吃铁块，尽管它含有100%的铁，这表明价值不是由单纯的客体属性决定的。

---

① 《马克思恩格斯文集》第九卷，北京：人民出版社2009年版，第552页。

从归根结底的意义上讲，价值的客观性来源于人的本能欲求、生理需要及需要满足方式（劳动）的客观性，表现为客体属性满足了主体需要这一客观事实，表现为主体需要满足的客观事实。人作为有生命的肉体存在，人的自然需要与需要满足的方式（劳动）是内在相连的统一整体。人通过劳动创造出产品，客体对象（产品）是否满足了主体需要，就是一个客观事实，并不是根据主体的主观判断决定的。例如，新研制的药品有没有价值，不是由谁决定的，而是由新药的实际治疗效果决定的；刚出台的新制度有没有价值，也不是由谁决定的，而是由制度执行的实际效果决定的。因此，价值客观性不表现为实体性，而只表现为主客体之间的一种客观关系，即客体属性满足了主体需要这一客观事实。

2.价值是普遍性与特殊性的辩证统一

价值是由人的劳动、实践创造出来的，但是任何价值都不是由个体的、偶然的活动创造出来的，而是在人类总体性社会实践中创造，又经过亿万次实践验证而确立起来的，因此任何价值都具有普遍性。同时，任何价值创造出来之后，都不是抽象存在的，而是要在现实的生产和生活中表现和实现，满足人们的实际需要，这就是价值的实现；价值的实现受到生产力发展水平、科学技术进步程度及社会条件等的限制，因而任何价

值的实现都是具体的、历史的，都具有相对性和历史性，这就
是价值实现的特殊性、多样性。因此，我们说，价值与价值实
现的一体性，决定了任何价值都是普遍性与特殊性、共同性与
多样性的辩证统一。

三、关于普遍性价值：普遍性价值的形成及实现

普遍性价值即全人类的共同价值。我们只有立足于主体、
客体与实践"三者一体"的整体角度，才能深刻理解价值的普
遍性。

（一）普遍性价值的内涵

价值具有普遍性，价值的普遍性包括三个方面的内涵：

一是指普遍性价值是"人"的价值，这个"人"是抽象层次
最高的一般人类整体，不是具体主体。普遍性价值是指客体属性
与一般人类主体的内在尺度相切合、对一般人类整体有意义。这
里需要解释一下"人"这个概念。用静态抽象的方法，人可以分
为三个层次，即个人、集体、人类社会。一般人类整体既是一个
现实概念，又是一个历史概念，它包括人类自诞生的时候起，过
去、现在和未来的所有人类。

二是指普遍性、共同性价值的内容是确定的，任何价值都表

明了主客体相一致的客观事实，表明客体属性满足了主体需要这一客观事实，因而获得了它最原初的、使之成为该价值的核心内容。随着实践发展，不论这个价值如何实现，它的核心内容是不变的；如果变了，就成为别的价值，不再是该价值了。

三是普遍性、共同性价值是人类总体性实践创造出来并经过人类总体性实践验证而形成的，对于具体时代和个人来说，价值的内容具有不以他们的意志为转移的先在性和公理性。也就是说，价值一旦形成，对具体时代、具体国家及个人来说，不会因人而异，这一点是确定的、无条件的。

普遍性价值就是习近平总书记所强调的全人类的共同价值。2015年9月28日，习近平主席在美国纽约联合国总部出席第七十届联合国大会一般性辩论，发表了题为《携手构建合作共赢新伙伴，同心打造人类命运共同体》的讲话，他指出："和平、发展、公平、正义、民主、自由，是全人类的共同价值，也是联合国的崇高目标。目标远未完成，我们仍须努力。"[①]正义、平等、公平、民主、自由、和平、发展以及爱国、敬业、孝顺等等，都是全人类共同追求的价值，它们具有普遍性，不因具体时代、具体国家及个人意识而改变。

---

① 习近平：《论坚持推动构建人类命运共同体》，北京：中央文献出版社2018年版，第253—254页。

以孝顺为例，孝顺是道德规范，作为普遍性共同性价值，第一，它不是针对哪个人或者是哪个时代的人们而言的，不是说哪个人或哪些人要孝顺，而是针对所有人，即全体人类，也就是说，只要你是一个人就要孝顺。第二，什么是孝顺？也就是说，孝顺的核心内涵是什么？号称"辞书之祖"的《尔雅》①中，关于孝顺的定义是"善事父母为孝"，而所谓"善事父母"就是对父母好，孝即对父母好。尽管不同时代怎样对父母好的实现形式不同，但是孝的这个价值内涵形成之后就是不变，每个时代都不变；变了，就不是"孝"这个概念了。第三，孝顺具有先验性，即对具体时代、具体国家及个人来说，它是先在的，是先验的。在小孩子很小时，老师和家长就教育他要孝顺，人生而为人，人就要孝顺。孝顺具有先验性、公理性。因此，"孝"是一个普遍价值，是每个时代的人们都普遍追求的价值。孝顺作为普遍性价值不会因人而异。

（二）价值的普遍性来自何处？

"孝顺"作为道德规范是每个人都要普遍遵守的原则，它是如何形成的呢，或者"两点之间直线最短"这条公理是如何形成的，或者和平、发展、公平、正义、民主、自由等这些全人类的

---

① 《尔雅》成书于战国或两汉之间，是我国最早的一部解释词义的专著，也是第一部按照词义系统和事物分类来编纂的词典。

共同价值是如何形成的？——也就是普遍性价值是如何形成的？

关于这个问题，古人很早就进行了探讨。唯心主义和旧唯物主义单纯从主体角度，从实体角度去探讨价值的普遍性。中国古人从老天爷那里寻找答案，例如董仲舒提出"王道之三纲可求于天"，"天不变道亦不变"，"三纲五常"等价值规范是老天爷规定的，只要老天爷存在它们就存在。欧洲中世纪的思想家们则认为上帝是绝对的价值，也是一切价值的源泉；也就是说，一切好东西、一切价值都是上帝赋予人类的，普遍性的价值来自上帝。近代以来，唯心主义思想家如康德认为，道德律令以绝对命令的形式出现，带有强制性，它来自先验法则，是先验理性的产物。

当前理论界有一种观点，即单纯从主体角度来思考价值的普遍性，依据主体间的共同性来解释价值的普遍性，认为人们有共同需要，所以也就存在共同价值、普遍性价值。我们说，价值是标志主客体关系的范畴，它不是实体范畴。因此，对价值的本质特性的探讨、对价值的普遍性的探讨，只能从主客体关系角度入手，从主客体发生关系的实践活动角度入手，而不能单纯从主体或者单纯从客体角度入手。为什么不能单纯从主体共同需要角度理解价值的普遍性？因为"人的需要"是主客体价值关系中的主体方面，是一个实体性范畴，不是关系性范畴。有需要的个人不是孤立、静止存在的，不是抽象存在的，而是时刻活动的、处于社会历史实践活动之中的。人是什么样的并不是由人的需要决定的，社会实践才是人的普遍性的根据。局限于"人的需要"来探讨价值的普遍性是错误的，原因在于"人的需要"，正如费尔巴哈的理性、意志和爱一样，属于"感性存在"，而不是"感性活动"，从人的需要出发，最终会陷入唯心主义。

所以，马克思主义强调，关于价值的普遍性的探讨不能停留于普遍性的人，不能从人的需要角度去思考，而应该立足于主体改造客体的现实的实践活动，从实践的普遍性来探讨价值的普遍性。马克思指出："正是在改造对象世界的过程中，人才真正地证明自己是类存在物。"[①]人的普遍性正是在人们改造自然界的实践过程中获得的，实践活动的社会历史性决定了实践的普遍性，实践的普遍性决定了价值的普遍性；而离开实践来谈人的普遍性，就是抽象的普遍性。因此，关于价值的普遍性的探讨不能停留于普遍性的人，应该立足于主体、客体与实践"三者一体"的角度来探讨，从人类实践的普遍性来探讨价值的普遍性。

因此我们说，价值的普遍性来自人类总体性实践的普遍性。实践是人的创造性活动，是人有目的有意识的能动活动，是社会历史性的活动，是人根据理想而改造现实的活动。价值就是在人

---

① 《马克思恩格斯选集》第一卷，北京：人民出版社2012年版，第57页。

类的总体社会实践中产生，经过一代代人的经验验证而不断变化、发展的。

例如，尊老爱幼作为道德规范，不是从来就有的，茹毛饮血的年代就没有。在人类社会早期的社会实践过程中，人们发现，一个部落尊敬老人爱护幼小，这个部落就兴旺发达；一个部落，不敬老不爱小，任其饥饿病死，这个部落就很快衰落，最后消亡。大家知道，越是古老时代，个体越是要依靠群体才能生存和发展，离开群体，个体很快就会被大自然吞噬。经过一代又一代人的实践，反复观察和验证这个经验现实，尊老爱幼作为规范被确定下来，形成价值。一开始价值普遍性层次较低，后来被越来越多的人所确认，普遍性层次也越来越高。

再如，"红灯停绿灯行"作为社会规范是价值，它不是从来就有的，也不是一下子出现的，而是人类在社会实践中逐渐形成的。19世纪初，在英国中部的约克城，女子流行一种红绿装，穿绿装表示该女子未婚，穿红装表示该女子已婚。随着社会发展马车越来越多，英国伦敦议会大厦前的广场上经常发生马车轧人的事故，令人头疼不已。受到红绿装的启发，1868年英国机械师德·哈特设计制造了煤气交通信号灯，只有红绿两种颜色，红灯停绿灯行。议会大厦前安装红绿灯后，马车轧人事故明显减少。此时，"红灯停绿灯行"作为社会规范价值已经被实践所确立，只是其普遍性层次很低。后来，随着电的普及应用，1914年美国俄亥俄州的克利夫兰发明了电信号灯，也只有红绿两种颜色。随着各种交通工具的发展和交通指挥的需要，1918年在美国纽约诞生了第一个名副其实的红、黄、绿三色红绿灯，只是开始是手控的，黄灯信号是为左右转弯的车辆设置的。城市交通状况随着三色交通灯的发明而大为改观。再后来，人们又根据需要，将黄灯设计为警示灯，放在红绿灯之间，提醒人们注意安全。于是，完整的红绿灯交通法规正式诞生了。随着世界各地城市普遍采用红绿灯交通法规，"红灯停绿灯行"作为交通规范的价值普遍性也越来越高。

再如，语言的产生。传说公元前6世纪，古埃及有一位名叫卜萨梅蒂库斯的法老，他想知道哪个民族的语言是最古老的，于是就挑选了两名合适的婴儿，将他们集中在一起，照顾他们的人不教说话，看看婴儿能够讲出什么样的语言。结果非常失望，两个孩子并没有产生过任何的语言交流。马克思、恩格斯强调，语言是在人们的物质交往中产生的，物质交往即生产实践中的交往，劳动中的交往，"语言是从劳动中并和劳动一起产生出来的，这个解释是唯一正确的"[①]，因为只有在劳动中，由于分工协作的客观

---

① 《马克思恩格斯文集》第九卷，北京：人民出版社2009年版，第553页。

需要，人们之间才有"不得不说"的情景。因此，人类的语言不是偶然产生的，也不是某个人或者某些人发明的，它是人们在劳动实践中，在彼此的交往中，到了不得不说的时候产生的，是经过人类一代代的创造、积累而形成，又经过一代代人的验证才确立起来的。语言文字中包含着历史性、歧义性、情景性、会意性、情感性等等极丰富的内涵，这些丰富内涵不是一时产生的，也不是永远不变的。随着实践的发展、人类活动内容的丰富，语言也必然发生改变。

以上随便列举的例子表明，道德规范、社会制度、语言文字等等，满足人的需要的任何价值都不是突然出现的，都不是偶然形成的，都有来龙去脉，都有前世今生，都是经过人类社会历史实践积累、经过亿万次实践反复验证而确立起来的。

因此，我们说，价值的普遍性既不来自上帝、天神，也不是来自先验理性，也不来自个人的偶然活动，而是人类总体性实践创造的成果。什么叫人类总体性实践？就是普遍性实践；什么叫普遍性实践？就是具有能动创造性和社会历史性的实践。正因为实践具有能动创造性和社会历史性，所以实践才是有历史传承的不断积累的人类总体实践，才具有普遍性。实践的能动创造性表现在，人们在实践中创造和使用工具，工具既包括镰刀斧头等实物工具，还包括语言文字等符号工具。概念和语言文字的发明，极大地促进了人的思维发展。借助于概念，运用语言文字，运用分析、综合、判断、推理等思维形式，人们总是把创造的价值和积累的经验等等形成理论、知识和规则等，超越时空，传递给后代人；后代人总是在前人实践积累的全部成果的基础上进行新的创造，每一代人的实践都不是从头做起，每一代人都把前人实践积累的人的本质力量纳入自己的活动，壮大自己的实践能力。因此，人的实践总是包含着以往发展全部成果的历史性活动，任何社会中的个人都是凭借人类的力量去实践。实践具有能动创造性、社会历史性，决定了实践活动不是个体的孤立活动，不是偶然、凌乱地发生的，而是彼此相联、内在相关，具有普遍性的特点。

价值的普遍力量不是上天赐予的，不是一朝一夕得来的，而是一代代的人们在劳动中、在实践创造中，一点一点创造、积累起来的，是通过社会实践（就人类整体说）和教育（就个体说）而形成的，是经验而变成的先验。对于具体时代、具体个人来说，普遍性价值无疑是先于他们的经验而存在的，具有先验性，因为已经经过亿万次实践的检验，所以获得了公理性。

列宁在谈到逻辑的时候曾经强调，逻辑的格、逻辑的式来自人类亿万次实践的重复："人的实践活动必须亿万次地使人的意识去重复各种不同的逻辑的格，以便这些格能够获得公理的意义。"① "人的实践经过亿万次的重复，在人的意识中以逻辑的式固定下来。这些式正是（而且只是）由于亿万次的重复才有着先入之见的巩固性和公理的性质。"② 逻辑的格或逻辑的式就是指用逻辑运算符将关系表达式或逻辑量连接起来的式子，例如由大前提、小前提推论出结论的那种形式③。其实，知识、道德、美等跟逻辑表达式一样，作为普遍性价值，它们来自人，但不是来自某个阶级或者个人，而是来自人类总体实践，是亿万次实践的反复验证，使这些价值获得了普遍性和先验性。对于具体时代、具体个人来说，它们就是先验命令和先验理性。

总之，实践是认识的唯一来源，也是价值的唯一来源。价值是社会历史性的实践创造的结果，价值在社会实践中形成，实践验证了它对人的意义，最终确立为普遍性的价值。

普遍性价值确立之后，不是抽象、孤立地存在的，它总是要在现实的生产、生活中实现，满足人们的实际需要，因而随着主客体关系的变化，也有生有灭，不是绝对永恒存在的。价值的具体实现具有相对性和历史性，因而具有特殊性。

---

① 列宁:《哲学笔记》，北京：人民出版社1956年版，第203页。

② 《列宁全集》第五十五卷，北京：人民出版社2017年版，第186页。

③ 例如，凡是人都是要死的，苏格拉底是人，所以苏格拉底也是要死的，这种根据大前提、小前提而得出结论的形式，就是逻辑的格或式。

（三）普遍性价值的实现及其特殊性

什么是价值的实现？就是普遍性的价值、全人类的共同价值在人们现实的生产生活实践中的具体展开和实现，从而使人们的需要获得现实的满足。

实际上，普遍性价值与普遍性价值的实现是不可分开的一体，我们只能从理论上将它们分开，但事实上是做不到的。因为任何普遍性价值都不是抽象地、僵化地存在的，人们创造价值的最根本目的是满足需要，因此价值必然要在人们的生活中、在实践中实现，以满足人们的实际需要。普遍性价值与普遍性价值的实现是统一的整体，因而决定了价值是普遍性与特殊性的统一。

普遍性价值的具体实现受到限制，这些限制首先最根本的就是生产力发展状况和科学技术发展水平，可以说，科学技术达到什么样的水平，价值的实现就达到什么样的程度。其次，价值的实现还受到社会制度、社会关系等条件的影响。在现实的实践中，客体属性与主体需要的关系不是固定不变的，而是随着实践发展而不断变化的，因而价值的实现具有相对性和历史性，表现为特殊性。

普遍性价值实现的相对性表现在几个方面。一是，有些价值具有一个从较低层次的普遍性向较高层次的普遍性不断发展的过程，相对于较高层次的普遍性，较低层次的普遍性就是特殊性，即相对性。例如，西红柿最开始是作为观赏植物被英国人从秘鲁的大森林带到欧洲种植，后来才作为蔬菜被全世界的人们广泛种植，作为观赏植物时的西红柿的价值普遍性层次就较作为人类普遍食用的蔬菜的价值普遍性层次低，作为观赏植物的西红柿的价值普遍性就显示出相对性来。二是，有些价值形成之后，由于主客体关系的变化，其普遍性层次不是越来越高，而是越来越低；甚至有些价值，其主客体关系消失了，它不再是价值；或者有些价值改变了其核心内涵，其本身的价值主客体关系变成别的主客体关系，它也就成为别的价值。例如，化学农药二氯苯基三氯乙烷（DDT）的发明和使用：DDT的首次合成是在1874年，由奥地利大学生欧特马·勤德勒合成，他当时是为了完成老师的作业而做的实验，但当时并不知道DDT有什么用——这时这个DDT还不能称为价值。直到1939年，瑞士科学家保罗·米勒博士发现这种化合物具有显著的杀虫性能，把DDT制造成杀虫剂，在瑞士的"马铃薯甲虫"防治上取得杀虫率100%的惊人效果。至此，DDT作为杀虫剂，其价值普遍性被实践确认。从此，DDT开始作为害虫杀虫剂在世界各地农业生产中普遍推广，它对付害虫见效快、方法简单方便，大大提高了粮食产量，20世纪40—60年代普遍应用于农业生产，因而获得了更高层次的普遍性。但是人们很快发现，化学农药不仅杀死害虫，也杀死了益虫，结果害虫与益虫的平衡状态被人为打破了，农药带来了恶性循环，并频频发生农药中毒事件，直接危害人类的身体健康。随着DDT的危害日益显现，DDT很快被禁用于农业生产。我国于1983年禁止DDT作为农药使用。DDT作为农药的价值消失了。现在人们也在极小范围内研究和使用DDT，主要是用于防污漆、防疟疾等，它的具体价值实现形式已经转变，表现出价值相对性的一面。当DDT作为农药在全世界普遍使用的时候，它具有较高层次的普遍性；但是，后来随着污染环境、危害人体健康等危害显现，价值的主客体关系发生改变，所以它也就不再是作为农药的价值。现在人们在防污漆、防疟疾上使用DDT，说明价值主客体关系发生改变，农药DDT成为别的价值。

普遍性价值的实现具有历史性：就如同没有永恒不变的真理一样，也没有永恒不变的抽象价值。因为价值总是在人们的现实生活中、具体的实践中实现，时代发展的生产力水平、科学技术的进步程度以及社会制度条件等等决定着价值实现的广度和深度，决定着价值实现的具体形式，因而价值的实现绝对不是一成不变的。例如"孝"，作为普遍性价值，它的核心内容是"对父母好"，即"善事父母为孝"。但是在不同时代、不同生产力水平和不同的社会条件下，"孝"的实现（即怎样对父母好）是不同的。古代的"孝"主要是通过供养父母、成家立业、养育后代等来实现的，其中"不孝有三，无后为大"，生没生儿子事关重大。而在现代社会，生没生儿子已经不重要，"陪伴父母"才是最大的孝顺。

　　普遍性价值实现的历史性表明，在旧社会中实现的价值，到新社会可能会消失；而在现在的社会中还没有实现的价值，只要符合人类整体利益、被人们普遍追求，就一定会在未来社会实现。恩格斯在讨论平等、正义的时候，有这样一段："在共产主义制度下和资源日益增多的情况下，经过不多几代的社会发展，人们就一定会达到这样的境地：侈谈平等和权利就像今天侈谈贵族等等的世袭特权一样显得可笑；同旧的不平等和旧的实在法的对立，甚至同新的暂行法的对立，都要从现实生活中消失；谁如果坚持要求丝毫不差地给他平等的、公正的一份产品，别人就会给他两份以示嘲笑。……平等和正义，除了在历史回忆的废物库里可以找到以外，哪儿还有呢？由于诸如此类的东西在今天对于鼓动是很有用的，所以它们决不是什么永恒真理。"①恩格斯的这段讨论，让很多人感到困惑，表面上感觉恩格斯好像否定了平等、正义等的存在。——这就需要我们仔细分析。其实，恩格斯在这里所说的平等、权利和正义等是指在资本主义条件下所能实

---

　　①《马克思恩格斯文集》第九卷，北京：人民出版社2009年版，第354页。

现的平等、权利和正义等，而不是指正义、权利、平等作为普遍性价值原则本身，不是全人类的共同价值本身。这种在资本主义条件下实现的平等、权利和正义，主要体现为经济利益方面的平等、权利和正义的实现——例如你给他两个馒头，也要给我两个馒头，这才是平等、公正，这种"两个馒头"的平等，就是资本主义时代人们追求的平等。它绝不会是人们永远追求的目标。在未来共产主义社会，物质财富极大丰富，平等、权利和正义的实现，就不会是"你给他两个馒头，也要给我两个馒头"这种平等，那个时候，平等、权利和正义等价值的实现会更进步，更文明，更符合人性。到那时，今天的即资本主义条件的平等、权利、正义等的实现方式和内容就会显得落后了，那个时代你再要求别人"给他两个馒头，也要给我两个馒头"的平等，就显得很可笑，引来别人嘲笑，不值一提。

综上可见，"普遍性价值"与"普遍性价值的实现"是辩证统一的整体。普遍性价值在其实现过程中，必然要通过具体的形式表现出来，表现为相对性和历史性，因而具有特殊性。尽管在不同时代、不同生产力水平和不同社会条件下普遍性价值的具体实现形式不相同，但是它们都是围绕着普遍性价值的实现而展开，体现了一般价值的内在追求。价值的客观普遍性表明，价值具有不以具体时代和个人的意志为转移的先验性和客观性，没有多元主体的价值；价值的特殊性、相对性和历史性表明，没有永恒不变、抽象存在的绝对价值。不能将普遍性价值与普遍性价值的实现割裂开来，这需要既唯物又辩证的思考。而既唯物又辩证的思考最为根本的，就是立足人类社会历史实践来思考。我们只有立足于不断发展变化的社会实践活动中的主客体关系，才能真正理解价值及其实现的本质和特性。

四、全面理解价值本质：区分价值与价值观

我们要正确认识、理解价值及其实现，就需要深刻认识和理解价值观及其本质。

（一）为什么研究价值及其实现必须要讲价值观？——关于价值、价值观问题上的困惑

我们讲价值必须要讲价值观，不深刻地理解价值观的本质内涵和根本特性，不把价值观与价值区分开来，就无法深刻理解价值。

事实上，无论在日常生活还是在理论研究中，不易辨析的价值现象和问题有很多，迫切需要理论研究作出回答。举以下几例：

例1：日常生活中，价值观到底有没有对错？

下了一场酣畅的春雨，等着播种的农民赞其为"好雨"，急着送货的快递员们却抱怨下雨天送货苦不堪言，其他人则又看心情而定。如何判断这场春雨？是好还是不好，还是没有好坏之分？是不是依此可以得出"价值观没有对错之分"的结论？

例2：关于"普世价值"的争论，到底有没有"普世价值"？

到底有没有"普世价值"？认为存在"普世价值"的人强调，自由、平等、正义、民主等都是符合人类整体利益的、各个时代的人们都在追求的价值，都是举世公认的、符合人类整体利益的价值原则，是最高层面的道德范畴。各个时代的人们都在追求"普世价值"，得到了人们的普遍认可。

认为不存在"普世价值"的人强调，没有普遍适用的绝对价值。价值的根本特性在于属人性、主体性，否定价值的普遍性，即价值是依照主体需要而决定的，主体需要不同，价值就不一样。有些学者强调，价值不可能具有绝对的普世性，有放之四海而皆准的普遍真理，而没有放之四海而皆准的绝对的"普世价值"。有些学者认为，"普世价值"不可能是绝对的，在当今世界不可能奉行同一种价值观。因为作为这种价值观的共同的统一的主体并不存在。有些学者强调，价值观念从来都是具体的，抽象的共同的价值在现实生活中不可能独立存在。有学者认为："有人说，不要偷盗、不要奸淫、不准乱伦就是符合人性的绝对普世价值。其实在没有私有制的时代不存在'不要偷盗'的规定，在群婚时代不存在'不要奸淫'的规定，在杂婚时代不存在'不要乱伦'的规定，甚至连'盗窃'、'奸淫'、'乱伦'的动机和观念都根本不可能出现。这些作为人类的基本价值的共识，都是社会发展和文明进步的成果。所以，我们否定绝对的普世价值：没有任何一种价值可以脱离历史、超越时代，包括体现人类进步的价值共识也是受历史条件和时代制约的。"[1]针对上述争论，我们应该如何理解呢？

例3：关于"价值多元"与"价值一元"的争论。

主张价值多元论的人认为，价值因主体而异，相对于不同的主体需要具有不同的价值；与此相应，提出了价值主体论和价值多元论，强调由于主体尺度的根本作用，使得现实的价值具有主体间的个体性或多元性等等。但是与此相应，在现实生活中存在的诸多的价值困惑不知如何解答。既然价值是多元的，价值标准也必然多样，公说公有理，婆说婆有理，试问天下还有没有公理？既然价值是多元的，价值标准是多样的，没有相对不变的价值，那么还有没有值得人们努力追求的东西？比如自由、正义、平等、公正等等，值得我们用生命追求吗？世界的意义何在？人

---

[1]　陈先达：《论普世价值与价值共识》，《哲学研究》2009年第4期。

生的意义何在？

主张价值一元论的人认为，价值普遍性内容是经过人类总体实践创造而获得、又经过亿万次实践验证而确立的，对于具体时代、具体国家和个人来说，价值具有确定性和客观普遍性，不存在多元主体的价值。例如，自由就是主体不受限制地按照自己的意识自主活动；平等即是指人与人之间相同、无差别；公正就是给人以应得，得所应得；民主就是人民当家作主；等等。绝对不会因为具体主体不同，这些普遍性价值的内容就变了。

综上，我们认为，造成这些价值困惑的根本原因，就在于人们把"价值""价值的实现"与"价值观"三个范畴混淆、混用了。"价值""价值的实现"与"价值观"是讨论价值问题的最基本、最核心的概念，这三个概念有联系，但也有着各自独特的内涵和本质特性。我们只有明确了这三个范畴的独特内涵和本质特性以及它们之间的联系和区别，并在讨论价值问题时正确使用，才可以厘清思想，化解上述价值问题的混乱和困惑。

（二）价值观的定义、形成和表现形式

我们在日常生活及理论研究中使用的"价值观"概念，其内涵是指主体根据自身的利益和需要对价值的反映，具体来说，包括主体对价值的认识、理解、感受、体验、评价，以及在此基础上对现实价值的态度、情感，对未来价值的理想和追求。这是一个完整过程。"价值观"属于人的主观思想、意识范畴。

价值观是主体对价值的反映，价值观形成的前提是必须先有价值；在价值没有被创造出来之前，无所谓关于这个价值的价值观问题。人们通过劳动、实践活动创造出产品（价值），再通过对产品（价值）的占有和享受，来满足需要。在这一过程中，产品（价值）在主体身上引起满足与否、快乐与否等的效果：满足主体需要的价值给主体带来快乐，就是好产品（价值）；而没有满足主体需要的价值给主体带来痛苦，就是坏产品（负价值）。显然，主体的利益和需要是决定价值观的核心和关键因素，有什么样的主体、有什么样的利益和需要，就会有什么样的价值观。

主体通过对价值的感受、体验和品味，引起快乐与否的效果，把这些效果转化为意识，形成经验；再经过欣赏、反思和评价等活动，形成对事物、对象的态度，进一步形成兴趣、爱好和情感等价值心理，在此基础上形成理想、信念、信仰等更高层次的价值观。这是一个不可分割的统一的过程。因此，价值观既包括价值意识的低级阶段即感性层次的价值心理（兴趣、爱好和情感等），也包括价值意识的高级阶段即理性层次的理想、信念和信仰等价值思想。也就是说，价值观包括人的兴趣、爱好、理想、信念、信仰等。在这里，心理层次或经验层次的价值心理是理性自觉的价值思想观念形成的基础和深层根源，有什么样的价值心理就有什么样的价值思想观念。

因此，价值观既包括个体内在的欲望、动机、兴趣、情绪、情感等价值心理，也包括理想、信念、信仰等价值思想观念。这两个方面是辩证统一的整体。思想观念层次的价值观是由心理层次或经验层次的价值观产生的；理性自觉的价值思想观念是大量的不自觉的价值心理积累达到一定质变而升华的结果，有什么样的价值心理就有什么样的价值思想观念。一个人的价值观不管表面如何表现，最终都取决于他所秉持的价值心理水平。伟大的理想产生于伟大的动机，低级趣味者不会有真正高尚的信念。一个人不论表面上说的是什么样的价值观，其价值心理最终都将其真实的价值观呈现出来。正是在这个意义上，我们说，完整的价值观不仅表现为理想、信念和信仰，而且内在地包括欲望、动机、兴趣、情绪、情感等价值心理。培养正确的价值观，应该从兴趣、爱好、情感等方面同时培养。

（三）价值观的内容及分类

价值观是复杂多样的，其内容极为宏大，生活中处处都是价值观，人人都时刻表达和面对价值观。如何把握如此巨大的价值观念体系呢？这就需要对价值观念进行科学分类。价值观的分类有很多种，但并不是每一种分类都对把握价值观内容具有本质意义。我们要把握具有本质意义的分类，仍然要回到价值观概念，回到价值观的本质与核心。价值观是价值主体对价值的反映，是价值主体对价值的认识、体验、态度和要求。据此，价值观包括三个方面的内容：一是对价值主体的确认，二是对现实价值的认识、体验和态度，三是对理想价值的追求。其中，对价值主体的确认是价值观的核心和灵魂问题。而主体对现实价值的确认，可依据价值的分类，从三个方面把握：一是人与自然的关系层面的价值观，二是人与社会的关系层面的价值观，三是人与自身的关系层面的价值观。最后是价值理想，超越现实世界的局限性，构建更美好更如意的世界，是人们的理想价值追求。

由此，价值观的内容可以概括为如下五个部分。

1. 确认价值主体

确认价值主体即对主客体价值认识和反映的关系中的价值主体的确认。任何一个价值观都是价值主体对价值对其利益和需要的满足状况的反映，因此，任何一个价值观都必然有提出它的主体，即价值满足了谁的需要，是对谁有益、为了谁的价值观。没有无主体的价值观。是谁的价值观就是站在谁的立场上，维护其利益，代表其意志。价值立场问题是价值观首要的和核心的问题，是价值观的灵魂。有什么样的价值主体，就有什么样的利益和需要，也就有什么样的价值观。不同个人的价值观具有个体性，不同阶级的价值观具有阶级性；自觉性强、认识水平高的主体能确立全面的、长远的价值观，水平低、认识片面的主体只能确立片面的、急功近利的价值观。要评价一个价值观，首先就要明确其价值主体是谁；明确了主体，也就明确了他的利益和需要，也就明确了它是一个什么样的价值观。

2.人与自然的关系层面的价值观

人与自然的关系层面的价值包括实物形态的产品和观念形态的知识。人与自然的关系层面的价值观就是主体对知识及实物产品的认识、享受、理解、体验、品味和评价，以及在此基础上形成的态度、要求和理想，例如劳动观、知识观、财富观等等。

3.人与社会的关系层面的价值观

人与社会的关系层面的价值观主要是社会规范。人与社会的关系互为主客体关系，人和社会都既是主体也是客体。总体来说，人与社会的关系层面的价值观包括三个方面：一是个人对社会对集体的责任和义务，例如爱国观、敬业观、遵纪守法观等等；二是个人对他人的责任和义务，例如诚信观、友善观、助人为乐观等等；三是社会对个人的责任和义务，例如正义观、平等观、法制观、民主观等等。

4.人与自身的关系层面的价值观

人与自身的关系角度中的价值包括人的能力、人的本质力量、艺术和美等，人与自身的关系层面的价值观包括人生观、审美观、艺术观等。

5.理想层面的价值观

理想有大有小，有个人的，有集体的，有人类社会的，丰富多彩。例如，共产主义就是共产党人和劳动人民群众的社会理想。

（四）价值观的本质特性：个体性和为我性

价值观是主体对价值的反映，价值主体的利益和需要决定了价值观的性质，"站在谁的立场上"来评判价值是价值观的核心和灵魂问题。价值观具有个体性和为我性。

1.价值观的个体性

价值观的个体性，即任何主体的价值观都是特殊的、个体性的。如果用静态抽象分析方法观察，主客体关系中的主体从量的意义上可以划分为群体主体、个体主体和类主体三个层次。以个人为主体，价值观具有个体性；以阶级为主体，价值观具有阶级性；以民族为主体，价值观具有民族性；以人类为主体的价值观具有人类性。主体的抽象层次高，并不意味着其价值观具有普遍性；从根本上，任何主体的价值观都是特殊的、个体性的。因为任何一个价值观反映的都是特定的主体的利益和需要；而任何一个主体的利益和需要都是独特的，都是任何其他主体的利益和需要不能代替的。任何个体都具有独特性，也具有他所属的群体的共同性；但是不能因为个体具有群体的共同性，就认为这个群体的价值观可以代替属于它的个体的价值观。正如有学者指出的："人类主体也是一种主体。一个主体，不能因其是主体的最高层次，就可以否定其他主体的相对独立性和特点，就认为人类主体的标准是唯一合理的标准。"① 例如，2021年西双版纳15只大象离开栖息地，一路向北，又向西向南，它们闯入农民家，踩踏菜园子，损坏财物。人类整体的利益和需要是保护大象，以免灭绝；而农民的利益和需要是保护菜地，保护自身的财物。人们能说人类整体利益可以代替农民的利益、农民的损失无所谓吗？不能。此次"大象出走"造成的几百万元经济财产损失，由云南省级财政全额支付，还得到中央财政的专项支持，由承保的保险公司具体支付。

为什么？因为人总是生活在现实社会中的，对于具体时代、

---

① 马俊峰：《价值论的视野》，武汉：武汉大学出版社2010年版，第120页。

具体个人来说，人类整体也不过是"多元"中的一个"元"，一个"元"就是一个利益诉求，"一元"利益诉求如何去统一"多元"利益诉求？牛奶对人类整体有益处，但是牛奶对于"牛奶过敏的人"来说无益处，试问人类主体如何统一这个"牛奶过敏的人"？因此，任何价值观主体都必然是一定层次上的独立的主体，有自身特有的需要和利益，是唯一的、不可替代的，是特定情境中的"这一个"。任何价值观都是站在"这一个"主体的立场上对价值事实进行评价和判断，因而任何价值观必然是个性化的、唯一的。

价值观具有个体性，所以，价值观因人而异。不同的主体因其需要和利益不同，对相同的价值会有不同的反映。如前所述，一场酣畅的春雨，等着播种的农民赞其为"好雨"，急着送货的快递小哥却苦不堪言、认为下雨不好，其他人则看心情而定。这是不同主体由于自身利益和需要不同而对"春雨"这个价值所持的不同价值观。

再如，羽绒服在北方的"三九天"时对一个正常人有很大价值，是好东西——这是北方"三九天"时人们的价值观；而到南方"三伏天"时，羽绒服对于一个正常的人就没有那么大价值，谈不上是好东西——这是南方"三伏天"时人们的价值观。各种不同的价值态度和要求，都源于各自主体的利益和实际情况，只要主体依然存在，并且其生存状态、生活方式没有改变，那么他的价值观也很难改变。

当然，价值主体的认识水平和能力不同，对相同的价值也会有不同的反映，例如对艺术、美的价值评价，没有一定的文化水平和艺术修养，就很难有深刻的审美欣赏和评价。

2.价值观的为我性

价值观具有为我性。什么叫为我性？活下去、存在下去，是一切生物的根本目的。现代生物学从基因角度解释了这个现象，威尔逊的《论人的天性》、道金斯的《利己的基因》等都表明，生物的存在和发展最根本的是基因决定的，而基因的唯一目的，就是复制自己、生存下来，"包括人在内的一切物种都不可能超越遗传规律，作为宇宙最高现象的人类精神和大脑之所以得到如此高度的进化发展，不过是因为它们有利于基因的延续和繁衍"[①]。尽管我们不能依据生物学的基因理论判定人性的本质是自私，但是可以判定，任何一个价值观从归根结底的意义上讲，必然具有为我性，也就是说，每个价值主体都是从自己的需要和利益出发去评价、判断价值是好还是坏、是对还是错，都首先注重维护自己的利益，从而实际地满足自己的

---

① ［美］威尔逊：《论人的天性》，林和生、吴福临、王作虹等译，贵阳：贵州人民出版社1987年版，第4页。

需要。由此，人类才有了健康发展的个体；有了健康发展的个体，才有了生机勃勃、健康发展的社会。

这里，需要区分一下为我性与自私性。为我性即满足自己的需要，维护自己的利益，不涉及道德。而自私是一个道德概念，涉及人们之间的利害冲突。例如，在馒头都够吃的情况下，每个人根据自己的饭量想吃多少就吃多少，饭量大的人多吃，饭量小的人少吃，这是人的为我性；但是，在一种极端情况下、在馒头不够吃的情况下，一个人多吃了，别人就没有吃的了，就会饿死，在这种情况下，这就是人的自私行为。

价值观具有为我性，但并不意味着价值观没有好坏之分，没有先进与落后之别。正确的价值观总是对价值事实的真实反映，因而与价值的本质追求、核心内容相一致。马克思主义价值观强调，当个人利益与集体或社会的利益发生对立冲突、二者不可得兼时，站在人类整体的长远发展立场上、站在集体利益和需要的立场上、站在广大人民群众根本利益立场上的价值观就是先进的，是需要肯定的价值观；而只强调个体自身的眼前利益而不顾他人、集体及人类社会长远利益的价值观就是落后的，是需要批判的价值观。

综上，价值观具有个体性、为我性，决定了价值观必然是多元的。"元"，即指主体的利益、需要，每一个价值主体都是从自身需要和利益出发，对价值进行体验、品味、评价和判断，价值主体的需要和利益各不相同，对价值的反映也必然是各不相同的，这决定了不同主体的价值观是不同的，价值观必然是多种多样的，具有多元性。

（五）辨析普遍性价值、普遍性价值的实现与价值观对正确理解价值问题的重要意义

综上，普遍性价值、普遍性价值的实现与价值观是三个内涵及特性不同的范畴，对价值问题的研究既要明确三者之间的区别，又要探讨三者之间的密切关系，这样才能更好地解释和辨析生活中存在的复杂的价值现象和问题。

1.普遍性价值、普遍性价值的实现与价值观的区别与联系

第一，普遍性价值与普遍性价值的实现是普遍性与特殊性、共性与个性的辩证统一关系。如前所述，普遍性价值是人们在社会实践中创造和确立的，它不是抽象存在的，必然要在具体的历史的实践中表现和实现；不同时代、不同生产力条件下，不同社会背景下，实践活动的主客体关系不同使价值的实现形式不同。普遍性价值注定不是一成不变的永恒的绝对价值。

第二，价值与价值观是反映与被反映的关系。任何价值观都是主体对价值的反映，而任何具体主体都有着不同利益诉求、有

明确的价值立场。当某个客体对象的价值被实践确认之前，谈不上这个客体对象对人的价值，当然也就谈不上价值观问题。当某个客体对象的价值被实践确认之后，人们再依据具体主体的利益和需要来判断这个客体对象对这个具体主体是否有意义时，实际上已经不是价值范畴的判断，而是价值观范畴的判断。例如，"红灯停绿灯行"作为社会规范是价值，它不是从来就有也不是一下子出现的。1868年英国机械师德·哈特设计制造了煤气交通信号灯，"红灯停绿灯行"，从此作为价值的红绿灯交通法规正式确立。在红绿灯交通法规诞生之前，无所谓这条法规的价值和价值观的问题；在这条交通法规诞生并被亿万次实践验证之后，"红灯停绿灯行"就是"红绿灯交通法规"作为制度价值的核心内容，具有客观普遍性。这时，一个遵纪守法的人认为"这条法规好，有价值"，而一个闯红灯的人则认为"这条法规不好，没价值"——这是两条关于这条交通法规的价值观判断，不是价值判断。价值的内容（"红灯停绿灯行"）尽管在不同的历史时代实现的形式不同，但是都是确定的、一元的，而价值观的内容（好或不好）则依据评价主体的需要和利益而定，是多元的。价值主体站在不同的立场上对这条交通法规的反映是不同的，而这条法规有没有价值、是不是普遍性价值，既不是遵纪守法的人决定的，也不是闯红灯的人决定的，而是近二百年来人类的社会历史实践决定的。

再如，前面我们提到的西红柿，当西红柿生长在秘鲁的大森林里、不为人知时，无所谓西红柿的价值问题。当西红柿作为观赏植物被普遍种植时，西红柿就成为价值；当西红柿作为蔬菜被普遍种植时，它获得了更高层次的价值普遍性。在西红柿的价值被实践确立之前，无所谓西红柿的价值和价值观的问题；当西红柿的价值被实践确立之后，"西红柿对于西红柿过敏的人来说没有价值"就不是一个价值判断而是一个价值观判断。

第三，价值的实现与价值观也是反映与被反映的关系，这两个范畴更容易被混淆，易把价值的实现看成价值观。其主要区别有两点：一是价值主体不同，二是表达的内容不同。价值观的主体是具体的、个体性的主体，而价值实现的主体是一般人类主体。价值的实现是普遍性价值在历史的实践活动中的具体实现，是一般性寓于具体性的表现；价值的实现是关系性范畴，所表现的是客体属性与主体需要的关系事实，是客体属性与人的主体尺度相符合的客观事实，即客体属性满足了主体需要这一客观事实。这里的主体是一般人类整体。而价值观是人的主观思想范畴，属于实体性范畴，是价值主体依据自身的需要和利益对价值的判断，这里的主体是具体主体。价值观是否正确，要看价值观是否正确反映了价值事实。以"孝"为例，孝即"善事父母"，是普遍性价值；"子女陪伴父母"是"孝"，即普遍性价值在当今现代社会的具体实现；而"子女陪伴父母是美德（或不是美德）"就是价值观判断。如果将价值的实现等同于价值观，就容易抹杀价值实现的客观性，造成思想混乱。

2.澄清混乱，化解价值困惑

如前所述，无论在理论研究中还是现实生活中，都存在着价值或价值观混乱，难以辨析的问题。我们认为，这种困惑的根本原因就是没有明确区分普遍性价值、普遍性价值的实现与价值观，在具体使用中将三者混淆、混用。

第一，普遍性价值不等于"普世价值"。2015年9月28日，习近平主席在第七十届联合国大会一般性辩论时的讲话中，提出"和平、发展、公平、正义、民主、自由，是全人类的共同价值"的论断。这个"共同价值"就是全人类普遍追求的普遍性价值，但是这个概念不等于"普世价值"。"普世价值"是一个特定概念，其实质就是指西方资产阶级所宣扬的普世价值观。因此，不能把普遍性价值等于"普世价值"，这是两个不能等同的概念。普遍性价值是客观存在的，不以具体时代、具体国家和个人的意志为转移。但是，不同的价值主体从自身的利益和需要出发对普遍性价值的认识和解读是不同的，因而形成了不同的普遍性价值观。西方资产阶级总是把他们对普遍性价值的观点说成是"普世价值"，实际上是他们隐藏了自己的价值立场，宣称是站在全人类立场上，混淆了普遍性价值与"普世价值观"两个概念，极具迷惑性。所以，针对西方"普世价值"的宣扬，我们要认清其价值主体及其政治立场。没有无主体的价值观，故意隐藏真实的主体及其利益和需要，或以全人类利益的名义宣扬的价值观，一定有着不可告人的自私的利益诉求。

第二，价值（观）共识不等于普遍性价值。一个集体、一个民族、一个国家、一个社会的人们由于共同的需要和利益而产生的共同的价值观，是价值共识，属于主观思想范畴，不是普遍性共同价值。价值共识是由多个主体之间具有共同的利益、共同的需要而形成的价值观共识，不同于普遍性价值。

价值是关系性范畴，价值的普遍性来自人类总体实践活动的普遍性，是人类总体实践的结晶。而价值共识则相反，价值共识即价值观共识，是具有共同利益和需要的价值主体达成的共识，它依据主体的利益和需要的变化而变化。因此，我们要认识一个价值共识是什么样的，就必须要从能将个体统一起来的集体或社会的利益和需要角度来分析，只有明确了价值主体的立场，明确其利益诉求的本质，才能理解价值观共识正确与否、先进与否等问题。

第三，正确辨别价值与价值观判断，不能混淆。当前无论在理论研究中还是在日常生活中，都普遍存在着将价值与价值观混用的现象，这是当前所谓价值问题或价值观混乱的根本原因所在。例如，"我牛奶过敏，所以牛奶没有价值"，"我需要卖军火赚钱，所以战争有价值"，等等。这些依据某个具体主体的利益和需要而作出的判断是价值观范畴的判断，不是价值范畴的判断。但是有人却常常或者有意，或者无意，把价值观判断的前半句"我牛奶过敏""我需要卖军火赚钱"等具体主体的利益和需要隐去，而只强调价值观判断的后半句，即"牛奶没有价值""战争有价值"等等，把价值观范畴判断当成价值范畴判断，这样就会得出价值多元论的结论，造成思想混乱。事实上，"牛奶""和平"等作为价值，是人们在社会历史实践中创造并确立起来的，经过人类世世代代的实践验证过、符合一般人类整体利益，其内容是确定的、一元的，具有客观普遍性。尽管在具体的时代里，它们的实现形式不同，但是其本质内涵和根本追求不会随着某个具体主体的利益和需要的改变而改变。价值观是多元的，会随着价值判断主体的利益和需要的变化而变化。如果将价值及其实现与价值观混淆、混用，必然感觉矛盾重重、困惑重重。

综上，"共同价值""共同价值的实现""价值观"有着各自独特的内涵和本质特性，三者有联系也有区别。我们在讨论价值观问题时必须要在思想上、头脑中清楚它们各自的内涵和特性，明确使用范畴，这样才可以化解复杂的价值问题所带来的困惑和混乱。在探讨价值问题时，需要明确所讨论的问题的性质，如果是价值范畴问题，它所涉及的主体，一定是一般人类主体；价值问题就是要全面分析和把握这个价值的本质内涵、核心内容是什么。如果是价值的实现问题，它所涉及的主体，也一定是一般人类主体。价值的实现就要分析它在当下条件下是如何体现和实现普遍性价值的本质和一般追求的，是否反映了生产力发展的要求，是否符合生产方式的发展趋势，等等。如果是价值观范畴问题，就找出其价值主体是谁，其利益和需要是什么；明白了价值主体的利益和需要，也就明白了其价值观的本质。

本章小结

价值是标志主客体关系的范畴，只有立足于主体、客体与实践"三者一体"的整体视角，才能正确把握价值的形成、本质内涵及其根本特性。价值是由劳动创造的，劳动创造了满足人们物质生活需要的产品，也创造了人的理性成果和理性能力，这是人的精神文化世界的核心，是人所特有的主体的内在精神力量。价值是人类在世世代代的总体性实践中创造、积累而形成的，又经过人类亿万次实践反复验证而确立的，具有不以具体时代、具体国家和个人的意志为转移的客观内容，因而具有普遍性。同时，价值确立后必然要在现实的生产、生活中实现，实际地满足人们的需要，这就是价值的实现；价值实现的形式及其广度和深度是由生产力发展、科学技术水平及社会制度等条件决定的，具有相对性和历史性，因而具有特殊性和复杂性。价值是普遍性与特殊性的辩证统一。要全面理解价值的本质及特性，还要把价值与价值观区分开来。价值观是主体依据自身的利益和需要而对价值的反映，价值主体的利益和需要是多元的，决定了价值观具有多元性。在具体解决价值相关问题时，要注意把价值、价值的实现与价值观相区分。

总　结

　　马克思在《关于费尔巴哈的提纲》中指出，旧唯物主义和唯心主义的根本缺陷在于，旧唯物主义离开了主体、离开主体能动地改造客体的实践活动，单纯从"客体"方面认识和理解世界和人自身；而唯心主义则是离开客体、离开主体改造客体的直接现实性的实践活动，单纯从"主体"方面，从意识、精神角度来认识和理解世界和人自身，因此都不能得出正确结论。只有坚持主体、客体与实践三者辩证统一、是一个过程、一个整体的角度，才能正确认识世界的本质、人的本质和实践的本质。由此，马克思、恩格斯创立了科学实践观。科学实践观强调，实践是人的对象化活动，是主体客体化活动过程，也是客体主体化活动过程，特别是人在占有享受劳动产品、满足需要的基础上，对人化自然的品味、反思、欣赏的审美活动过程中，创造了人所特有的精神文化世界。实践的本质特性是实践具有普遍性，表现为实践具有客观物质性、直接现实性、能动创造性和社会历史性。

　　立足于主体、客体与实践"三者一体"的整体方法、原则，立足于科学实践观，马克思主义科学揭示了世界的本质是物质，物质是不依赖于人的意识并能被人的意识所反映的客观实在；从唯物主义原则出发，马克思主义揭示了人类社会历史的物质性，这是由物质生产实践方式即生产力与生产关系的矛盾运动推动的不以人的意志为转移的客观历史进程。同时，立足于主体、客体与实践"三者一体"的整体方法、原则，立足于科学实践观，马克思主义揭示了满足人的需要的价值的本质及其根本特性，表明价值是普遍性与特殊性的辩证统一，揭示了普遍性价值来自何处——是人类在世世代代的社会历史性活动中创造和积累，又经过亿万次实践验证而确立起来的。立足于主体、客体与实践"三者一体"的整体方法、原则，表明马克思主义实践观、物质观和价值论及其内部各具体原理、具体部分之间内在相通，相辅相成，相互支持，是不可分割的艺术整体。

参考文献

［1］《马克思恩格斯全集》第一卷，北京：人民出版社1995年版。

［2］《马克思恩格斯全集》第三卷，北京：人民出版社2002年版。

［3］《马克思恩格斯全集》第三十卷，北京：人民出版社1995年版。

［4］《马克思恩格斯全集》第三十一卷，北京：人民出版社1998年版。

［5］《马克思恩格斯全集》第三十五卷，北京：人民出版社2013年版。

［6］《马克思恩格斯全集》第四十四卷，北京：人民出版社2001年版。

［7］《马克思恩格斯选集》第一至三卷，北京：人民出版社2012年版。

［8］《马克思恩格斯文集》第一至十卷，北京：人民出版社2009年版。

［9］马克思：《资本论》第一卷，北京：人民出版社2004年版。

［10］《列宁全集》第十八卷，北京：人民出版社2017年版。

［11］《列宁全集》第五十五卷，北京：人民出版社2017年版。

［12］《列宁选集》第二卷，北京：人民出版社2012年版。

［13］列宁：《哲学笔记》，北京：人民出版社1956年版。

［14］《列宁专题文集·论辩证唯物主义与历史唯物主义》，北京：人民出版社2009年版。

［15］《毛泽东选集》第一卷，北京：人民出版社1991年版。

［16］《毛泽东文集》第八卷，北京：人民出版社1999年版。

［17］《邓小平文选》第三卷，北京：人民出版社1993年版。

［18］中共中央党史和文献研究院编：《习近平关于网络强国论述摘编》，北京：中央文献出版社2021年版。

［19］［德］路德维希·费尔巴哈：《费尔巴哈哲学著作选集》上卷，荣震华、李金山等译，北京：商务印书馆1984年版。

［20］［德］路德维希·费尔巴哈：《费尔巴哈哲学著作选集》下卷，荣震华、王太庆、刘磊译，北京：商务印书馆1984年版。

［21］［美］威尔逊：《论人的天性》，林和生、吴福临、王作虹等译，贵阳：贵州人民出版社1987年版。

［22］苗力田：《古希腊哲学》，北京：中国人民大学出版社1995年版。

［23］张海源：《实践起源论——从动物行为到人类实践》，北京：社会科学文献出版社1996年版。

［24］马俊峰：《价值论的视野》，武汉：武汉大学出版社2010年版。

［25］梁建宁主编：《心理学导论》，上海：上海教育出版社2011年版。

［26］高放、高哲、张书杰主编：《马克思恩格斯要论精选》（增订本），北京：中央编译出版社2021年版。

［27］《马克思主义基本原理》，北京：高等教育出版社2021年版。

［28］黄枬森：《十年来马克思主义哲学在中国的发展》，《高校社会科学》1989年第1期。

［29］黄枬森：《论实践论在马克思主义哲学中的地位》，《教学与研究》1996年第1期。

［30］周新城：《论"普世价值"是否存在及"普世价值"鼓吹者们的政治目的》，《政治学研究》2008年第5期。

［31］陈先达：《论普世价值与价值共识》，《哲学研究》2009年第4期。

［32］侯惠勤：《"普世价值"与核心价值观的反渗透》，《马克思主义研究》2010年第11期。